体育俱乐部系列丛书

健 美 操

主　编　雷耿华

副主编　陈元香　刘　毅　张锦锦

西安电子科技大学出版社

内 容 简 介

本书是我校俱乐部教学改革的产物。全书共 6 章，主要内容包括健身操运动理论与技术、排舞、瑜伽、肚皮舞、啦啦操和健身性健美操训练方法。

本书深入浅出地阐述了健美操教学、训练、健身等内容，既适合于广大青少年学生和健美操、健身操运动爱好者，以及一般的健身初学者学习参考，也适合于学校体育课堂教学。

图书在版编目(CIP)数据

健美操/雷耿华主编. —西安：西安电子科技大学出版社，2015.8(2021.8 重印)
ISBN 978 - 7 - 5606 - 3767 - 9

Ⅰ. ① 健…　Ⅱ. ① 雷…　Ⅲ. ① 健美操　Ⅳ. ① G831.3

中国版本图书馆 CIP 数据核字(2015)第 192331 号

策划编辑　毛红兵
责任编辑　刘玉芳　　毛红兵
出版发行　西安电子科技大学出版社(西安市太白南路 2 号)
电　　话　(029)88202421　88201467　　邮　　编　710071
网　　址　www.xduph.com　　　　电子邮箱　xdupfxb001@163.com
经　　销　新华书店
印刷单位　陕西日报社
版　　次　2015 年 8 月第 1 版　2021 年 8 月第 5 次印刷
开　　本　787 毫米×1092 毫米　1/16　印张　8
字　　数　183 千字
印　　数　16 001～18 000 册
定　　价　20.00 元
ISBN 978 - 7 - 5606 - 3767 - 9/G

XDUP　4059001－5

＊＊＊如有印装问题可调换＊＊＊

体育俱乐部系列丛书
编 委 会

前　言

　　健美操是一项深受广大群众喜爱的、普及性极强的体育项目。它集体操、舞蹈、音乐于一体，以追求人体健康与美为最终目的，具有体育、美育、德育等多种教育功能。练习健美操能达到增强体质、增进健康、陶冶情操、愉悦身心、塑造美的形体等作用。

　　近年来，高等院校的体育教学模式向俱乐部方向转变，西安培华学院经过六年的教学改革实践，逐渐形成了系统的俱乐部体系：课内教学—课外群体—训练竞赛。通过课内外一体化的模式，从培养学生学习兴趣入手，掌握健身技能，促进身心健康，进而养成终身锻炼的良好习惯。

　　本书的编写原则是体现思想性与文化性的结合、科学性与实用性的结合、知识性与健康性的结合、选择性与时效性的结合；融入现代健康新理念、新的教育思想、新的教学模式和新的教学方法，加强校园体育文化建设；坚持以人为本，以学生为主体，从大学生的实际需要出发，结合近几年来俱乐部教学改革模式的成功经验，选用一些新的、操作性强的做法；坚持以提高学生体育能力为主，注重理论与基础知识和技术的衔接。本书的目的是通过学生自学与教师指导相结合，使学生掌握必备的技能，掌握自我锻炼的方法与途径。

　　本书结构清晰，图文并茂，语言通俗易懂，融知识性、科学性、系统性、趣味性、实用性于一体，力求拓宽读者视野，提高其参与锻炼的兴趣进而增强体质。本书特色鲜明，选择性强，即可作为高等院校体育教师健美操教学及训练的教材或指导用书，也适合作为大学生俱乐部选项课、非专业选修课教学用书，是健美操爱好者的必备读物。

　　本书由雷耿华主编，参加编写的有陈元香、刘毅、张锦锦。其中，雷耿华编写了第一章、第五章第五节；陈元香编写了第三章、第四章；张锦锦编写了第二章，刘毅编写了第五章、第六章。本书的编写得到了西安电子科技大学徐国富教授、西北工业大学荀定邦教授及西安外国语大学黄生勇教授的指导和鼓励。在本书完成之际，感谢陈博、刘格彤、王春尹、尚雅等同学为动作拍摄付出的辛勤劳动。此外，本书的编写也得到了西安培华学院有关领导和体育部教师的关心和支持，以及西安电子科技大学出版社的大力支持，在此表示衷心的感谢！书中难免有不足之处，敬请广大读者及专家批评指正。

编　者
2015 年 4 月

目　　录

第一章　健美操运动理论与技术

第一节　健美操运动概述

一、健美操运动的起源、发展与分类

随着我国经济的持续发展，人民生活水平不断提高，健康已成为人们追求高质量生活最关心的问题，尤其是在我国全民健身计划实施以来，越来越多的人参与到了体育活动中来，健身成为人们生活中不可缺少的组成部分。健美操作为一项很有特色的运动，在全民健身活动中占有非常重要的地位，是近年来非常流行的一项体育运动。

健美操是集音乐、舞蹈、体操、美学于一体并通过徒手、手持轻器械和专门的操化练习达到健身目的的一种新兴的娱乐观赏性体育项目。

健美操的英文原名为"Aerobics"，意思为"有氧操"，它起源于20世纪70年代末。当时，健美操是美国太空总署为太空人设计的体能训练内容，美国著名大众体育专家 K·库彼尔(Kenneth Cooper)博士专门创编一些动作并选配音乐，形成了一种新的运动方式。随着健美操运动在世界范围内的广泛开展，参与健美操锻炼的人越来越多。人们逐渐认识到健美操运动的强大生命力，同时也看到了其潜在的商机。健美操逐渐发展成了一项有组织的体育运动。1980年成立了世界级健美操冠军联合会(Association of National Aerobic Championships Worldwide，ANAC)，总部设在美国。

美国是对世界健美操的发展有着重要影响的国家，其代表人物——影视明星简·方达，根据自己的健身体会和经验撰写了《简·方达健美术》一书。该书自1981年出版后，引起了不小的轰动。她以现身说法，促进了健美操在世界范围内的推广。1983年美国举行了首届健美操比赛，1984年首届远东区健美操大赛在日本举行。由于两次大赛的成功举办，从1984年起健美操运动在世界各地全面兴起。

每年国际上举办的健美操活动有：健美操世界锦标赛、世界杯赛、世界冠军赛、世界巡回赛。

健美操运动于20世纪80年代传入我国，我国的健美操界把中国古老文化的气功、武术、民间舞蹈等与欧美健美操融为一体，创造了具有中国特色的徒手、手持轻器械的健美操。

按照目前国内外的惯例，健美操运动分为健身性健美操和竞技性健美操两大类(见表1-1)。

表 1 - 1　健美操运动的分类

健身性健美操			竞技性健美操
徒手健美操	器械健美操	特殊场地健美操	男子单人
一般健美操	轻器械健美操	水中健美操	女子单人
拳击健美操	踏板操	固定器械健美操	混合双人
搏击操	哑铃操	功率自行车	三人
瑜伽健身术	橡皮筋操	街舞	混合六人
拉丁健美操	健身球操		

二、健美操运动的特点与功能

健美操运动的特点：高度的艺术性，强烈的节奏感，广泛的适应性，健身的安全性。

健美操运动的功能：增进健康美，塑造形体美，缓解精神压力，娱乐身心，医疗保健。

第二节　健美操运动基本技术

健美操运动的基本技术包括基本步伐和上肢动作两部分。

一、基本步伐

（一）基本步伐体系

人体运动对地面产生一定的作用力，同时地面也给予人体相应的反作用力，即"冲击力"。所有步伐按冲击力可分为三种：无冲击力动作、低冲击力动作、高冲击力动作（见表 1 - 2）。许多低冲击力动作同时也可做成高冲击力动作。无冲击力动作指两只脚都接触地面的动作，或不支撑体重的动作；低冲击力动作指总有一只脚接触地面的动作；高冲击力动作指两只脚都离开地面，即有腾空的动作。

根据动作完成形式的不同，可将基本步伐分为五类：

（1）交替类：两脚始终做交替落地的动作。

（2）迈步类：一条腿先迈出一步，重心移到这条腿上，另一腿用脚跟、脚尖点地或吸腿、屈腿、踢腿等，然后向另一个方向迈步的动作。

（3）点地类：一腿屈膝站立，另一腿伸出，用脚尖或脚跟点地后还原到并腿位置的动作。

（4）抬腿类：一腿站立，另一腿抬起的动作。

（5）双腿类：双脚站立，身体重心在两腿之间的动作。

表1-2 有氧操常用基本动作体系

类别	原始动作	低冲击力动作	高冲击力动作	无冲击力动作
交替类	踏步（march）	踏步（march） 走步（walk） 一字步（easy walk） V字步（V-step） 漫步（mambo）	跑步（jog）	
迈步类	侧并步 （step touch）	并步（step touch） 迈步点地（step tap） 迈步吸腿（step knee） 迈步后屈腿（step curl） 侧交叉步（grapevine）	并步跳（step jump） 小马跳（pony） 迈步吸腿跳（step knee） 迈步后屈腿跳（step curl） 侧交叉步跳（grapevine）	
点地类	点地 （touch step）	脚尖点地（tap） 脚跟点地（heel）		
抬腿类	抬腿 （lift step）	吸腿（knee lift(up)） 摆腿（leg lift） 踢腿（kick）	吸腿跳（knee lift） 摆腿跳（leg lift） 踢腿跳（kick） 弹踢腿跳（flick） 后屈腿跳（leg curl）	
双腿类			并腿跳（jump） 分腿跳（squat jump） 开合跳（jumping jack）	半蹲（squat） 弓步（lunge） 提踵（calf raise）

（二）基本动作说明

1. 两脚交替类

1）两脚踏步（原始动作）

一般描述：两腿原地依次抬起，依次落地（见图1-1）。

技术要点：在下落时，踝、膝、髋关节依次有弹性地缓冲。

图1-1 踏步

2）走步

一般描述：迈步向前走四步或向后退四步，然后反之（见图1-2）。向前走时，脚跟先落地，然后过渡到全脚掌；向后走时则相反。

技术要点：在落地时，膝、踝关节有弹性地缓冲。

向前走　　　　　　　后退走

图 1 - 2　走步

3）一字步

一般描述：一脚向前一步，另一脚并于前脚，然后再依次还原（见图 1 - 3）。

技术要点：向前迈步时，先脚跟着地，过渡到全脚掌；前后均要有并腿过程；每一拍动作膝关节始终有弹性地缓冲。

图 1 - 3　一字步

4）V 字步

一般描述：一脚向前侧方迈一步，另一脚随之向另一方迈一步，两脚开立，屈膝，然后再依次退回原位（见图 1 - 4）。

技术要点：两腿膝、踝关节始终保持弹动状态，分开后两腿半蹲，重心在两脚之间。

图 1 - 4　V 字步

5）漫步

一般描述：一脚向前迈出，屈膝，重心随之前移，另一脚稍抬起，然后原地落下；或者一脚向后撤一步，重心后移，另一脚稍抬起，然后原地落下（见图1-5）。

技术要点：两脚始终保持交替落地，身体重心随动作前后移动，但始终在两脚之间。

图1-5　漫步

6）跑步

一般描述：两腿经过腾空后脚掌依次落地缓冲，两臂屈肘摆臂（见图1-6）。

技术要点：落地屈膝缓冲，脚跟尽量落地。

图1-6　跑步

2. 迈步类

1）并步（侧并步为原始动作）

一般描述：一脚迈出，另一脚随之并拢屈膝点地；再向反方向迈步（见图1-7）。

技术要点：两膝始终保持弹动，动作幅度和力度可随风格而定。

图1-7　并步

2）迈步点地

一般描述：一脚向侧迈一步，两腿经屈膝移重心，另一腿再向前、侧或后用脚尖或脚跟点地（见图1-8）。

技术要点：两膝放松保持弹动。

图1-8　迈步点地

3）迈步吸腿

一般描述：一脚迈出一步，另一腿屈膝抬起，然后向反方向迈步（见图1-9）。

技术要点：两腿屈膝半蹲，抬膝时支撑腿稍屈膝。

图1-9　迈步吸腿

4）迈步后屈膝

一般描述：一脚迈出一步，另一腿后屈，然后向反方向迈步（见图1-10）。

技术要点：两腿屈膝半蹲，支撑腿稍屈膝，后屈腿的脚跟靠近臀部。

图1-10　迈步后屈膝

5）侧交叉步

一般描述：一脚向侧迈一步，另一脚在其后交叉，随之再向侧迈一步，另一脚并拢，屈膝点地（见图1-11）。

技术要点：第一步脚跟先落地，身体重心快速随脚步而移动，保持膝、踝关节的弹动。

图1-11 侧交叉步

3.点地类

1）脚尖点地

一般描述：一腿稍屈膝站立，另一腿伸出，脚尖点地，然后还原到并腿姿势（见图1-12）。

技术要点：支撑腿始终保持屈膝站立，并且随动作有弹性地屈伸。

图1-12 脚尖点地

2）脚跟点地

一般描述：一腿稍屈膝站立，另一腿伸出，脚跟点地，然后还原到并腿姿势。只可做向前和向侧的脚跟点地（见图1-13）。

技术要点：支撑腿始终保持屈膝站立，并且随动作有弹性地屈伸。

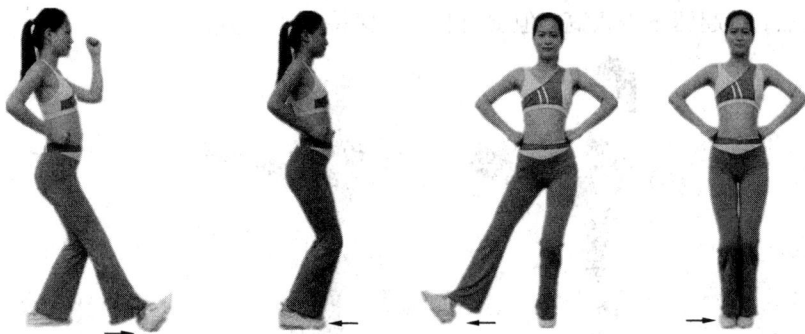

图1-13 脚跟点地

4. 抬腿类

1) 吸腿

一般描述：一腿屈膝抬起，落下还原（见图1-14）。

技术要点：支撑腿保持屈膝弹动，大腿上抬超过水平；上体保持正直。

图1-14　吸腿

2) 摆腿

一般描述：一腿抬起摆动，落下还原（见图1-15）。

技术要点：抬腿角度要低，脚尖绷直，上体正直。

图1-15　摆腿

3) 踢腿

一般描述：一腿稍屈膝站立，另一腿抬起，然后还原（见图1-16）。

技术要点：抬起腿不需很高，但要有控制；保持上体正直。

图1-16　踢腿

4）弹踢（跳）

一般描述：一腿站立（跳起），另一腿先向后屈，然后向前下方弹踢，还原（见图1-17）。通常以高冲击力的形式出现。

技术要点：腿弹出时要有控制，保持上体正直。

图1-17　弹踢（跳）

5）后屈腿（跳）

一般描述：一腿站立（跳起），另一腿向后屈膝，放下腿还原（见图1-18）。通常以高冲击力的形式出现。

技术要点：支撑腿保持弹性，两膝并拢，脚跟靠近臀部。

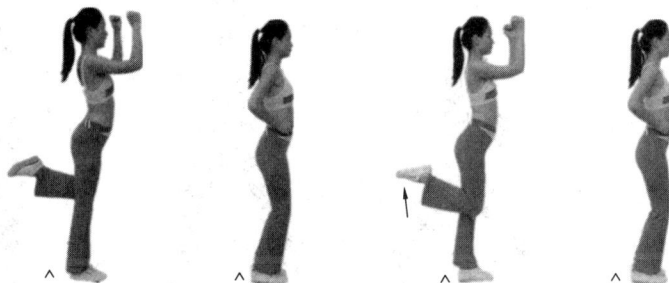

图1-18　后屈腿（跳）

5. 双腿类

1）并腿跳

一般描述：两腿并拢跳起（见图1-19）。

技术要点：双脚有控制地落地缓冲。

图1-19　并腿跳

2）分腿跳

一般描述：分腿站立屈膝半蹲，向上跳起，分腿落地屈膝缓冲（见图 1-20）。

技术要点：屈膝半蹲时，大、小腿夹角不要小于 90°，在空中时注意身体的控制。

图 1-20　分腿跳

3）开合跳

一般描述：由并腿跳起，分腿落地；然后，再由分腿跳起，并腿落地（见图 1-21）。

技术要点：分腿屈膝跳起，分腿落地；然后，再由分腿跳起，并腿落地。

图 1-21　开合跳

4）半蹲

一般描述：两腿有控制地屈和伸，可分为并腿半蹲和分腿半蹲（见图 1-22）。

技术要点：分腿半蹲时，两腿左右分开稍大于肩（或与肩同宽），脚尖稍外开，屈膝时关节角度不得小于 90°，膝关节对准脚尖方向，臀部向后 45°方向下蹲，上体保持直立。

图 1-22　半蹲

5）弓步

一般描述：两腿前后分开，两脚平行站立；蹲下、起来（见图1-23）。

技术要点：半蹲时后腿关节向下，大腿垂直于地面；重心始终在两脚之间。

图1-23　弓步

6）提踵

一般描述：两腿脚跟抬起，落下脚跟稍屈膝（见图1-24）。

技术要点：两腿夹紧，重心上提时，收紧腹部；落下时屈膝缓冲。

图1-24　提踵

二、常用上肢动作

在完成基本动作时加入不同的手臂动作会使动作变得丰富多彩，或改变动作的强度和难度。如手臂在肩以上的动作强度大于手臂在肩以下的动作强度；手臂动作变化多的一组动作就难于手臂动作变化少的动作组合。下面介绍几种常用的手形和手臂动作。

（一）常用手形

1. 掌形

一般描述：五指伸直并拢（见图1-25）。

2. 拳形

一般描述：握拳，拇指在外（见图1-26）。

3. 五指张开形

一般描述：五指用力伸直张开（见图 1-27）。

　　　　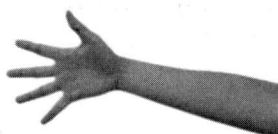

图 1-25　掌形　　　　　图 1-26　拳形　　　图 1-27　五指张开形

（二）上肢动作

1. 举

一般描述：臂伸直向某个方向抬起。

2. 屈臂

一般描述：前臂与上臂角度不断减小。

3. 伸臂

一般描述：前臂与上臂角度不断增大。

4. 屈臂摆动

一般描述：屈肘在体侧自然地摆动，可依次和同时进行。

5. 上提

一般描述：直臂或屈臂由下至上提起。如屈臂前提、直臂侧提。

6. 下拉

一般描述：臂由上举或侧上举拉至身体两侧。

7. 胸前推

一般描述：立掌，臂由肩部向前推。

8. 冲拳

一般描述：屈臂握拳，由腰间猛力向前冲拳。

9. 肩上推

一般描述：立掌，屈臂由肩部向上推。

10. 摆动

一般描述：以肩关节为轴，手臂在180°以内的运动称之为摆动。

11. 绕和绕环

一般描述：以肩关节为轴，手臂在180°至360°之间的运动为绕；大于360°以上的圆周运动为绕环。

12. 交叉

一般描述：两臂重叠成 X 形。

在进行上述上肢动作练习时，应注意肌肉的用力阶段，使动作富有弹性，避免上肢动作过分僵硬。

第三节　健美操音乐与动作编排

一、健美操音乐

音乐是声音的艺术。音乐作为完整的艺术形式有着自己独特、系统和完整的表达方式。健美操的动作在音乐的衬托下，更具生命力与艺术性，可以说音乐为健美操插上了两只翅膀，使健美操扩展了表现空间。如果说动作仅仅构成了健美操的运动与原始的冲动，音乐则为健美操注入了灵魂，并使内心的激动呐喊出来。

就其相关因素而言，音乐的节奏与速度严格地控制着动作的节奏与速度，因此，也在很大程度上控制着运动的强度。仅就节奏与速度而言，时间相同，节奏与速度越复杂、越快，强度就越大，反之越小。

音乐的风格决定着动作的风格。音乐风格受时代变迁、民族、地域、环境、作者等因素影响，因此我们应当尊重音乐的风格，因为唯有这样动作与音乐才能协调，音乐才能有力地支撑起动作。

音乐的强弱变化为动作的力度与起伏创造了内在的条件，使动作与音乐在结构上产生联系，曲调与节奏的变化加之动作起伏从而产生韵律感，增加了健美操的韵律感，使健美操的美学价值更高。

音乐的情绪有控制健美操动作与脑细胞兴奋的作用，因此在音乐伴奏下进行锻炼可以延缓疲劳的出现。同时音乐的情绪可以影响人的情绪，这也是健美操多选择曲调欢快、节奏强劲的音乐作为伴奏的重要原因之一。欢愉明快的音乐可以更快地调动起人的兴奋性。

运用音乐时的注意事项：

（1）音乐的风格与动作的风格应相一致。音乐的选择直接影响着健美操的风格、结构、节奏和速度，音乐选配得当容易激发编操者的创作灵感和练习者的锻炼激情。健身性健美操应体现出民族风格，并向着突出时代特征的方向发展。

（2）音乐应体现健美操的特点。健美操是健、力、美的统一体，选配音乐时要注意体现这一点，强调美与力的结合。音乐旋律要动听，力求新颖，丰富多变，节奏鲜明。

（3）要注意音乐速度的选用。健美操的音乐速度通常以 10 s 为单位作为设计动作速度的标准。竞技性健美操要求音乐必须在 1′40″～1′50″之间，速度在每 10 s 24～27 拍，健身性健美操要求音乐必须在 2′30″～3′之间，速度在每 10 s 22～26 拍，充分体现健身性健美操的有氧性及健身性。相比之下，较快节奏的音乐更容易提高一套动作的活跃性，同时也更容易引起群众的共鸣。

（4）成套动作的连贯性和完整性。一般成套音乐套路开头采用 10 s 的慢拍或造型变化，以突出风格特点。中间每部分或小的阶段要体现高低起伏的变化。如果是经过剪接的音乐，则剪接处前后乐曲的旋律应基本相似，且有一定的连贯性。音乐的结尾一定要保证音乐的完整性，切勿动作做完或时间到了，就直接把音乐从这里卡断，这样的结果会给人一种悬在空中而没有结束的感觉。

二、健美操的动作编排

目前大学生成套健身性健美操除参加比赛外，各类表演也是广大学生丰富文化生活的重要内容。在大学生中积极开展介于竞技与表演之间的成套健身性健美操，特别是更具感染力和更多参与者的集体健身性健美操已成为发展健美操运动的一个重要途径。这就要求专门从事健美操教学的教师和教练在健身性健美操编排的艺术上认真探讨，掌握编排艺术，不断挖掘编排过程中的艺术魅力。

（一）成套健身性健美操的构成

成套健身性健美操由音乐、动作和编排三个要素组成，它们之间的关系可用图 1-28 形象地表示。

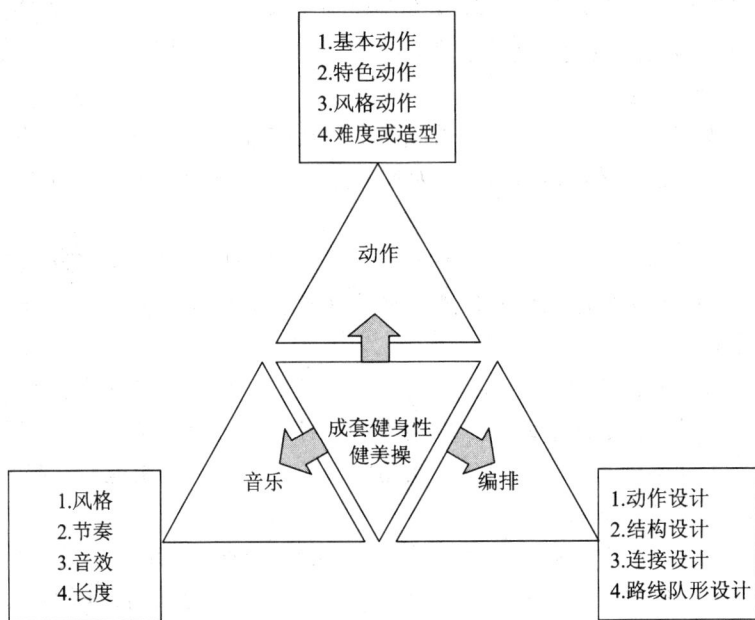

图 1-28　音乐、动作、编排三要素关系示意图

在成套健身性健美操动作中，如果说音乐是灵魂，动作是躯干，那么编排就是经络。编排是套路成型的关键，是成套动作质量的保证，是衡量成套健身性健美操价值的重要指标。

（二）成套健身性健美操动作的编排

1. 动作设计

（1）针对大学生生理、心理特点选择动作。在校大学生的年龄一般在 18～24 岁，因此在编排时，应选择一些刚劲有力、健美大方、富有朝气、积极快速、振幅较大、舞蹈因素多、时代特点突出、有明显锻炼价值的动作。同时，造型动作要新颖、独特、多变、有趣、奔放。在设计动作时应考虑到学生的实际水平，除包括基本动作外还可设计一些学生通过努力都能完成的动作，具有挑战性，做到既具有一定难度，又具有可接受性。

（2）借鉴相关项目，内容设计要突出特色。动作编排应有机结合舞蹈、体操、技巧等一些相关项目艺术，创造性地编排出既刚又柔、协调流畅的动作。此外在设计时可考虑加入健美操中的一些风格操，如拉丁健美操、街舞等的动作来渲染整套操，但是此内容和时间不宜太多，要起画龙点睛的作用，设计要做到有特色。

2. 结构设计

当创编一套操时，先要根据这套操所要达到的要求，确定这套操当中的核心动作、风格动作，然后反复分析所选的音乐确定出操的表现风格，安排多少难度动作、多少操化动作、多少造型动作，集体项目还应考虑队员间有多少配合等，勾勒出成套动作的整体结构和框架，如果有了比较清晰的想法，就可以具体操作了。

3. 连接设计

（1）合理分配各类动作。选择设计好单个动作和成串的组合动作后，要将风格动作、难度动作、配合动作等按照一定的原则，合理地分配连接，切忌出现"头重脚轻"等不平衡的安排。

（2）把握好成套动作的节奏。节奏是表演艺术的基本要素，一套成功的健美操编排，主题动作和陪衬动作要节奏分明，其动作要有大小、快慢、强弱、刚柔的搭配，有开始、高潮、结束。高潮应多在后半段形成，吸引人的动作和队形要逐渐上升，感染观众。

4. 路线、队形设计

首先，要根据场地特点合理充分地利用场地，注意利用队形变化加强整套操的流动性，不要在一个队形上做过多的动作，队形、方位的变化应巧妙并易于整齐一致，不应牵强附会，生拉硬扯，以免影响整套操的连贯性。在队形变化中注意把惊险、新颖、观赏性强的动作安排在场地中间，给观赏者留下清晰深刻的印象。其次，在队形选择上应按照操的内容与风格选择适宜的队形，以便更好地展现主题。

在初步完成整套操的编排后，配合音乐完成整套操的动作演练，观察整体表演效果并加以修改，使整套操的动作和音乐的风格、情感完全吻合。注意，随着训练的深入，队员技术情况的日趋变化，应去掉那些难以完成的动作，根据队员特点修改或增加那些表演效果好、队员擅长完成的动作，精雕细刻，使之日趋完善。

（三）健美操动作编排的原则

1. 根据编操的目的、任务、对象、特点进行编排的原则

健美操总的目的、任务是增进健康，培养正确的体态，塑造美的形态，陶冶美的情操。但具体到某一套操，其具体任务又会有所侧重，创编的要求也不尽相同。另外，创编任何一套健美操时，都必须考虑使用对象的具体情况，要针对不同对象的生理、心理特点来确定总体构思的特点、风格和动作内容。

2. 坚持全面发展身体的原则

创编健美操时，必须坚持全面发展身体的原则。为了达到增进健康的目的，编排的动作涉及身体各个部位、各个器官系统的机能，以及身体的整体素质，使之能得到全面、协调的发展。另外，在动作设计上要讲究对称，即动作的结构、身体各部位的活动、练习方式等方面应是对称的，这样有助于身体全面发展。

3. 合理安排动作顺序和运动量

在安排成套健美操的顺序和运动量时，应考虑使用对象的具体情况，应符合人体运动的合理的生理曲线要求，动作由小到大，由慢到快，由弱到强，由局部到整体，使心率变化由低到高，呈波浪形地逐步发展，并出现最高心率，且能恢复到平静状态。另外，在安排运动量时，还要考虑到练习者的年龄、性别和实际承受能力。

4. 精心设计动作，使之有独特的风格和特点

健美操的动作设计，是创编整套动作的重要一步。在进行单个或成节动作设计时，除了参考平时收集积累的各种素材外，还要精心设计每一个动作，要考虑到动作的幅度、速度、节奏、数量和形式，力求动作简单易学、造型美观、富有弹性、结构合理、讲求实效，其整体动作要连贯，活而不乱，符合总体构思。

5. 选配音乐要考虑其风格、韵律及内在结构特点

音乐是健美操的灵魂。如果失去灵魂，健美操将失去其价值和意义。因此，在选配音乐时，要考虑到音乐的各种特点，使动作和音乐巧妙结合。

6. 根据比赛规则要求进行编排的原则

竞技性健美操的编排要依据比赛规则的要求进行。规则对每套动作的难度、时间等均有严格的规定。

第四节　健美操基本竞赛规则

高校健美操竞赛规则一般参照《中国健身性健美操竞赛规则》、国家体育总局颁发的《健美操竞赛规则》和国际体操联合会颁发的《竞技性健美操竞赛规则》三个版本。我们主要介绍健身性健美操的竞赛规则。

一、总则

（1）竞赛内容：符合规则及规程要求的自编成套动作比赛。

（2）成套动作时间：自编成套动作时间为 $2'30''\sim3'$（不含提示音和前奏音乐）。

（3）比赛音乐：音乐速度每 10 s 22～26 拍；成套动作允许有 2×8 拍的音乐前奏；参赛队必须自备比赛音乐，比赛音乐可以使用一首或多音乐曲混合的音乐，也可加入特殊音效，音乐必须录制在 CD 或普通录音带的"A"面开头。

（4）参赛人数与更换运动员：每队参赛人数至少 4～6 人，性别不限。如有特殊情况更换运动员时，需持有效证明，经组委会同意方可更换。

（5）比赛场地：比赛场地为 10 m×10 m 的地板或地毯，标志带为 5 cm 宽的白色带。标志带是场地的一部分。

（6）服装：运动员须穿适合运动的健美操服和运动鞋，着装整洁、美观、大方，不允许使用悬垂饰物。例如：皮带、飘带和花边等；女运动员的头发须梳系于后，头发不得遮住脸部；允许化淡妆，禁止戴首饰。

（7）比赛程序与计分方法：比赛分为预赛和决赛，凡参赛队均参加预赛，预赛前八名者进入决赛，不足八名时，递减一名录取。比赛中得分高者名次列前，如遇得分相等，按艺术分高者名次列前，再相等则名次并列，无下一名次。

二、成套动作的评分

成套动作的评分包括艺术裁判的评分、完成裁判的评分和裁判长减分。

（一）艺术裁判的评分

艺术分是从 10 分起评，对每个错误给予减分。艺术裁判的评分因素为：动作设计、音乐、队形与空间的运用、表演。

1. 动作设计（5 分）

健身性健美操的动作设计应符合四个原则：健身、娱乐原则；安全无损伤原则；全面发展身体原则；符合年龄特点原则。

1）基本步伐、手臂动作及动作组合（2 分）

（1）动作设计必须包括七个基本步伐：踏步、开合、吸腿、踢腿、弓步、弹踢腿跳、后踢腿跑或类似形式。

（2）手臂动作要体现多样性及动作的不对称性。

（3）动作组合中应使身体的各部位（头、手、上臂、前臂、躯干、腿和脚）协调配合，共同参与的部位越多评价越高。

（4）同一动作组合允许出现一次对称动作。

（5）成套动作的设计要以操化动作为主，融合现代舞蹈和传统武术等项目的动作，必须符合健美操运动的特点。成套动作中不允许出现任何清楚地显示其他项目特征的造型或静止动作（如芭蕾、健美、搏击等）。

（6）成套动作中不鼓励出现难度动作，如出现类似动作，不予加分，对出现的错误予以减分。开始和结束允许出现托举动作，但不允许出现违例动作。

（7）成套动作中至少应出现两次运动员之间有接触的交流配合动作。

（8）成套动作中托举的数量不得多于 3 次。

2）过渡与连接（2 分）

（1）在成套动作中应合理、流畅地连接健美操基本步伐、动作组合。

（2）对灵活和流畅的空中、地面的相互转换，运动员可以依次或分批做动作，但任何一名运动员不允许停顿 1×8 拍。

3）强度（1 分）

强度的评价取决于动作的频率、动作的速度及幅度、完成动作的耐力、移动等因素。

2. 音乐（1 分）

音乐的选择应完整并与成套动作的风格协调。音响的效果应是高质量的，并有足够音量，必须和运动员成套动作相配合。

3. 队形与空间的运用（2 分）

（1）成套动作的队形变化应自然、迅速、流畅、美观、清晰。成套动作的队形变化不少于 5 次，至少出现 3 次流动队形变化；移动路线要合理使用 4 种以上（前、后、左、右、对角等）。

（2）成套动作应均衡、合理、充分地使用场地和空间，要充分使用场地的每一个区域，充分利用三维空间和方向的变化。

4. 表演（2 分）

运动员动作表演要充分体现表现力、自信力和感染力。

（1）表现力：运动员通过娴熟的动作技巧，通过自身的活力、热情和全身心投入的激情来吸引观众的能力。

（2）自信力：运动员充满自信、唯我独尊的良好自我感觉。

（3）感染力：运动员与观众目光持续接触的能力，并最终感染观众。

（4）表演的动作应与音乐主题、风格融为一体，要与音乐的节拍相吻合、并配合乐曲。

（5）动作表演就是演绎音乐的内涵，要充分体现主题内涵，是最值得倡导的表演。

（二）完成裁判的评分

完成分是从 10 分起评，对每个完成错误给予减分。完成裁判的评分因素为：技术技巧、一致性。

1. 技术技巧

技术技巧是指完美完成所有动作的能力，包括以下几个方面：

（1）身体姿态控制能力：在完成动作时始终保持身体正确姿态的能力。

（2）动作的力度：成套动作的力度、爆发力、肌肉耐久力。力度是通过动作快速、准确、到位的延伸制动控制来实现的，动作要松而不懈、力而不僵。

（3）动作的准确性：动作技术规范、部位准确、清楚，动作方向清楚，控制完美。开始与结束动作要清楚。运动员的节奏感与动作的韵律性应保持协调一致，完美体现动作的弹动与控制。

（4）动作的熟练性：动作技术纯熟，轻松流畅。

（5）动作的幅度：动作幅度要大，但要避免"过伸"动作和大幅度的反关节动作。

2. 一致性

动作的一致性包括：

（1）整体完成动作的能力，运动范围的一致性。

（2）所有运动员应体现出一致与均衡的运动强度。

（3）所有运动员应具有一致的表演技巧。

评判员对所有动作出现错误的减分标准：

小错误：稍偏离正确完成，每次扣 0.1 分。

中错误：明显偏离正确完成，每次扣 0.2 分。

大错误：较严重偏离正确完成，每次扣 0.3 分。

严重错误：严重偏离正确完成，每次扣 0.4 分。

失误：根本无法达到要求，失去平衡（跌倒）等，每次扣 0.5 分。

（三）裁判长减分

裁判长的职责为记录评判整套动作，并根据技术规则负责监控在场全体裁判的工作。

裁判长负责如下减分：

（1）时间不足（指成套动作时间少于 2′30″），扣 0.2 分。

（2）时间超过（指成套动作时间多于 3′），扣 0.2 分。

（3）参赛人数不足或超过，均扣 0.2 分。

（4）音乐速度不符合要求，扣 0.2 分。

（5）运动员被叫到后 20 s 未出场，扣 0.2 分。

（6）运动员的着装仪容不符合规定，扣 0.2 分。

（7）运动员在比赛时掉物或装束散落，扣 0.2 分。

（8）运动员身体触及线外地面，每次扣 0.1 分。

（9）托举超过 3 次，每次扣 0.5 分。

（10）违例动作减分，每次扣 0.5 分。

三、违例动作

为了保持健美操的特色，对不利于健身性健美操发展的其他项目的表现形式，以及身体各关节过分伸展与过分弯曲的易损伤身体的动作应禁止使用。违例动作如下：

（1）所有沿矢状轴或额状轴翻转的动作。

（2）所有高于 $30°$ 的水平支撑动作。

（3）任何与身体的自然姿态完全相反的动作，如反背弓、背部挤压、膝转、足尖起、仰卧翻臀等。

（4）使用爆发性加速或减速动作，如抽踢等。

（5）任何马戏或杂技动作。

（6）抛接动作。"抛"是指由同伴抛起或借助同伴的力量弹起至腾空位置，"腾空"是指一个人不触及地面或同伴。

第五节 第三套健美操大众锻炼标准初级套路

一级、二级为健美操大众锻炼标准的初级套路。其练习的目的是进行中低强度的有氧练习、简单的腰腹和身体核心部位稳定性练习。每一个组合均由 4～5 个基本步伐组成，在二级套路中出现的 $45°～90°$ 的方向变化，路线以简单的前后左右动作为主。大部分的手臂动作是对称的，个别动作出现了依次的手臂动作。

一、一级健美操大众锻炼标准

组合一： 第一个八拍（图 1-29）

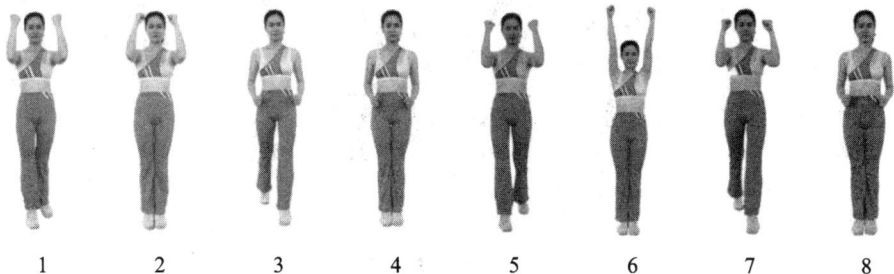

图 1-29 一级组合一第一个八拍

下肢动作：1～8 拍右脚开始 2 次一字步。

上肢动作：1～2 拍双臂胸前屈，3～4 拍后摆，5 拍胸前屈，6 拍上举，7 拍胸前屈，8 拍放于体侧。

组合一： 第二个八拍（图 1-30）

下肢动作：1～3 拍右脚向前走 3 步，4 拍吸腿，5～8 同 1～4 拍，但方向相反。

图 1-30   一级组合一第二个八拍

上肢动作:1 拍双臂肩侧平举,2 拍双臂向前冲拳前平举,3 拍同 1 拍,4 拍击掌,5～7 拍手臂自然往下,8 拍击掌。

组合一: 第三个八拍(图 1-31)

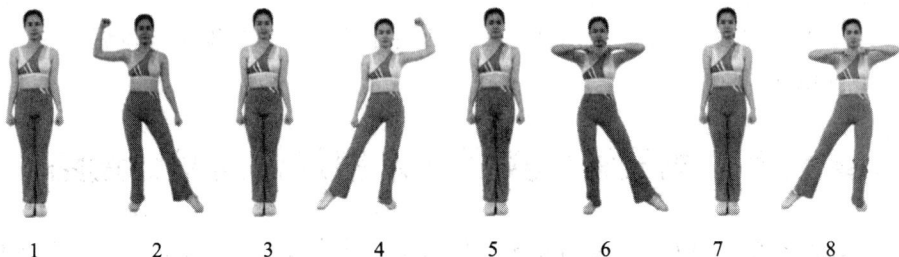

图 1-31   一级组合一第三个八拍

下肢动作:1～8 拍右脚开始侧并步 4 次(单单双)。

上肢动作:1 拍右臂肩侧屈,2 拍还原,3 拍左臂肩侧屈,4 拍还原,5 拍双臂胸前平屈,6 拍还原,7～8 拍同 5～6 拍。

组合一: 第四个八拍(图 1-32)

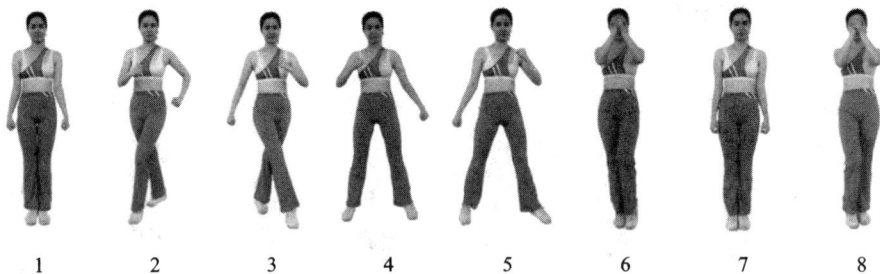

图 1-32   一级组合一第四个八拍

下肢动作:1～4 拍左脚十字步,5～8 拍左脚踏步 4 次。

上肢动作:1～4 拍手臂自然摆臂,5 拍击掌,6 拍还原,7～8 拍同 5～6 拍。

组合二: 第一个八拍(图 1-33)

下肢动作:1～8 拍右脚开始前点地 4 次。

上肢动作:1 拍双臂屈臂右摆,2 拍还原,3 拍左摆,4 拍还原,5 拍右摆成右臂侧斜上举,左臂胸前平屈,6 拍还原,7～8 拍同 5～6 拍,但方向相反。

组合二: 第二个八拍(图 1～34)

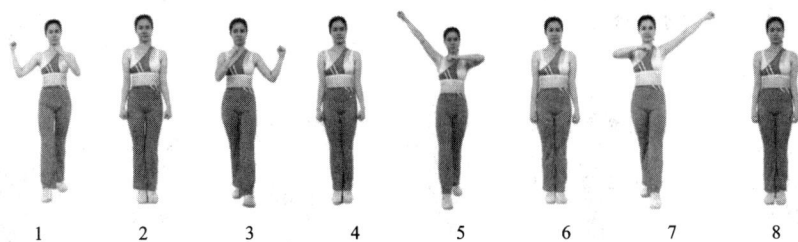

图 1-33　一级组合二第一个八拍

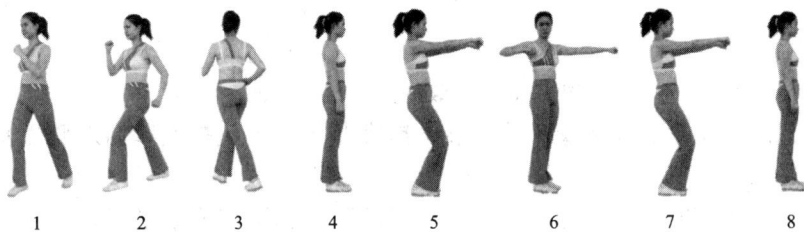

图 1-34　一级组合二第二个八拍

下肢动作：1～4 拍向右弧形走 270°，5～8 拍并腿半蹲 2 次。

上肢动作：1～4 拍自然摆臂，5 拍双臂前举，6 拍右臂胸前平屈（上体右转），7 拍双臂前举，8 拍放于体侧。

组合二：第三个八拍（图 1-35）

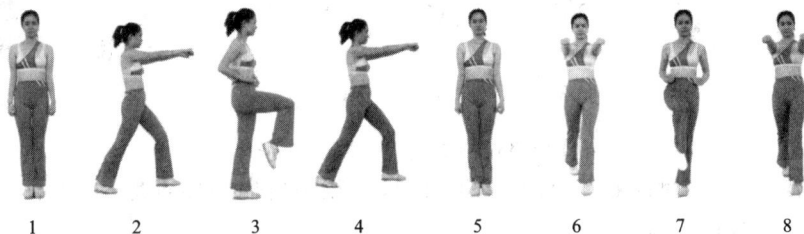

图 1-35　一级组合二第三个八拍

下肢动作：1～8 拍左脚开始两次上步吸腿转体 90°。

上肢动作：1 拍双臂前举，2 拍屈臂后拉，3 拍前举，4 拍还原，5～8 拍同 1～4 拍。

组合二：第四个八拍（图 1-36）

图 1-36　一级组合二第四个八拍

下肢动作：1～8 拍左脚向左上步后屈腿 4 次。

上肢动作：1～8 拍自然摆动，向前时胸前交叉。

组合三：第一个八拍（图 1-37）

图 1-37　一级组合三第一个八拍

下肢动作：1～4 拍右脚向交叉步，第 4 拍成直立，5～6 拍左脚向左侧迈步成分腿半蹲，7～8 拍还原。

上肢动作：1～3 拍双臂经侧至上举，五指分开，4 拍胸前成拳平屈，5～6 拍双臂向前成拳平举，7～8 拍还原。

组合三：第二个八拍（图 1-38）

图 1-38　一级组合三第二个八拍

下肢动作：1 拍右脚向右侧点地，2 拍收回，3 拍左脚向左侧点地，4 拍收回，5～8 拍右脚连续向右 2 次侧点地。

上肢动作：1 拍右臂向左前冲拳，左臂屈肘于腰间，3～4 拍同 1～2 拍但方向相反，5～8 拍连续同 1～2 拍 2 次。

组合三：第三个八拍（图 1-39）

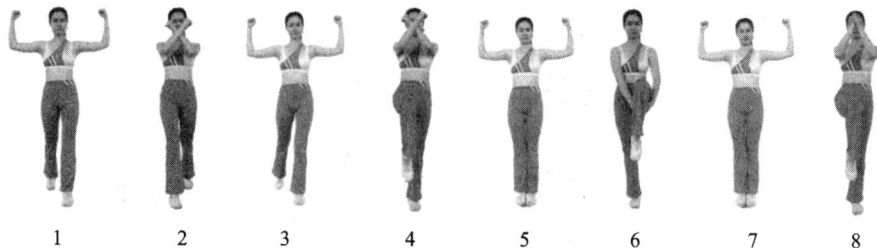

图 1-39　一级组合三第三个八拍

下肢动作：1～8 拍左脚开始向前走 3 步接吸腿 3 次。

上肢动作：1 拍双臂肩成拳侧屈外展，2 拍胸前交叉，3 拍同 1 拍，4 拍击掌，5 拍肩侧屈外展，6 拍腿下击掌，7～8 拍同 3～4 拍。

组合三：第四个八拍(同图 1-39)

下肢动作：1~8 拍右脚开始向后退 3 步接吸腿 3 次。

上肢动作：同第三个八拍。

组合四：第一个八拍(图 1-40)

图 1-40　一级组合四第一个八拍

下肢动作：1~8 拍右腿开始 V 字步+A 字步。

上肢动作：1 拍右臂侧斜上举，2 拍双臂侧斜上举，3~4 拍击掌 2 次，5 拍右臂侧斜下举，6 拍双臂侧斜下举，7~8 拍击掌 2 次。

组合四：第二个八拍(图 1-41)

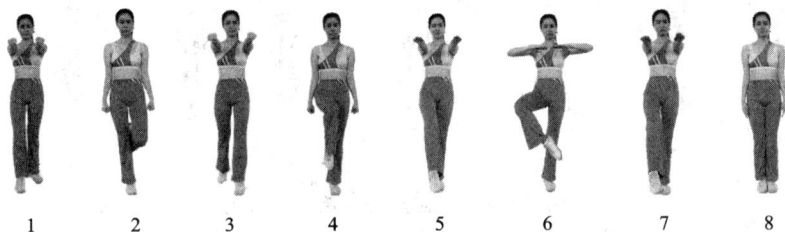

图 1-41　一级组合四第二个八拍

下肢动作：1~8 拍右脚开始向前点地 4 次(单单双)。

上肢动作：1 拍双臂前举，2 拍下摆，3~4 拍同 1~2 拍，5 拍前举，6 拍胸前平屈，7~8 拍同 1~2 拍。

组合四：第三个八拍(图 1-42)

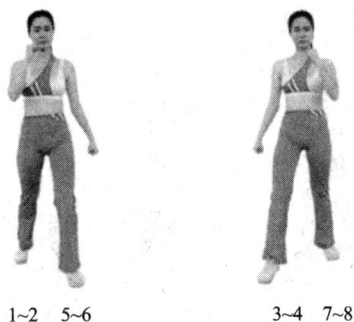

1~2　5~6　　　　　3~4　7~8

图 1-42　一级组合四第三个八拍

下肢动作：1~8 拍左腿漫步 2 次。

上肢动作：1~8 拍自然摆臂。

组合四：第四个八拍(图 1-43)

下肢动作：1～8拍左脚向左侧迈步后点地4次。

上肢动作：1拍右臂胸前平屈，2拍右臂左下举，3～4拍同1～2拍但方向相反。5拍右臂侧斜上举，6拍右臂左下拳，7～8拍同5～6拍但方向相反。

图1-43　一级组合四第四个八拍

二、二级健美操大众锻炼标准

组合一：第一个八拍（图1-44）

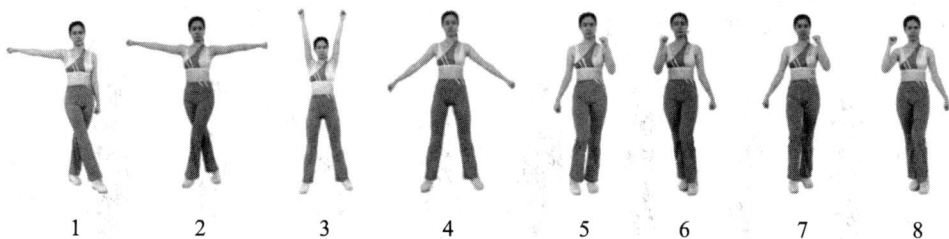

图1-44　二级组合一第一个八拍

1～4拍　下肢步伐：右脚十字步 box step。

上肢动作：1拍右臂侧举，2拍左臂侧举，3拍双臂上举，4拍下举。

5～8拍　下肢步伐：向后走4步 4 walk bwd。

上肢动作：屈臂自然摆动，7～8拍同5～6拍。

组合一：第二个八拍（同图1-44）

1～8拍动作同第一个八拍，但向前走4步。

组合一：第三个八拍（图1-45）

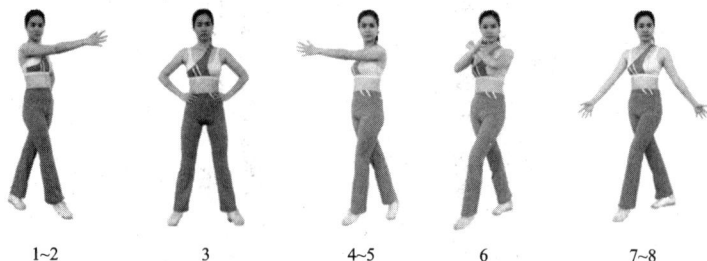

图1-45　二级组合一第三个八拍

1～6拍　下肢步伐：右脚开始6拍漫步 baby mambo。

上肢动作：1～2拍右手前举，3拍双手叉腰，4～5拍左手前举，6拍双手胸前交叉。

7～8 拍　　下肢步伐：右脚向后 1/2 后漫步 1/2 mambo bwd。

　　　　　　上肢动作：双臂侧后下举。

组合一：第四个八拍(图 1 - 46)

图 1 - 46　二级组合一第四个八拍

1～2 拍　　下肢步伐：右脚向右并步跳 cha cha side。

　　　　　　上肢动作：屈左臂自然摆动。

3～8 拍　　下肢步伐：左脚向右前方做前、侧、后 6 拍前侧后漫步 baby mambo。

　　　　　　上肢动作：3～4 拍前平举弹动 2 次，5～6 拍侧平举，7～8 拍后斜下举。

组合一：第五～第八个八拍

动作同第一至第四个八拍，但方向相反。

组合二：第一个八拍(图 1 - 47)

图 1 - 47　二级组合二第一个八拍

1～2 拍　　下肢步伐：右脚向右侧滑步 slide。

　　　　　　上肢动作：右臂侧上举，左臂侧平举。

3～4 拍　　下肢步伐：1/2 拍后漫步 1/2mambo bwd。

　　　　　　上肢动作：双臂屈臂后摆。

5～6 拍　　下肢步伐：左脚开始向左前方做侧并步 step touch。

　　　　　　上肢动作：5～6 拍击掌 3 次。

7～8 拍　　下肢步伐：右脚开始向右后方做并步。

　　　　　　上肢动作：双手叉腰。

组合二：第二个八拍(图 1 - 48)

1～2 拍　　下肢步伐：左脚开始向左后方做侧并步。

　　　　　　上肢动作：击掌 3 次。

3～4 拍　　下肢步伐：右脚开始向右前方做并步。

　　　　　　上肢动作：双手叉腰。

5～6 拍　　下肢步伐：左脚向左侧滑步 slide。

　　　　　　上肢动作：左臂侧上举，右臂侧平举。

7～8拍　下肢步伐：1/2后漫步 1/2 mambo bwd。

上肢动作：双臂屈臂后摆。

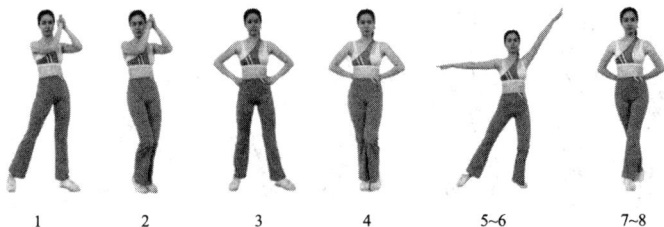

图 1-48　二级组合二第二个八拍

组合二：第三个八拍(图 1-49)

图 1-49　二级组合二第三个八拍

1～4拍　下肢步伐：右转 90°，右脚上步吸腿 2 次 step two knee。

上肢动作：双臂向前冲拳、向后下冲拳 2 次。

5～8拍　下肢步伐：左脚 V 字步左转 90° V step。

上肢动作：双臂由右向左水平摆动。

组合二：第四个八拍(图 1-50)

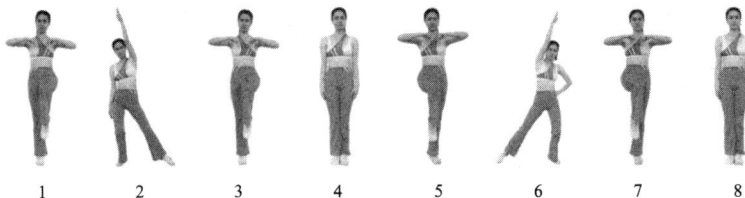

图 1-50　二级组合二第四个八拍

1～4拍　下肢步伐：左腿吸腿(侧点地)2 次，double knee。

上肢动作：1 拍双臂胸前平屈，2 拍左臂上举，3 拍同 1 拍，4 拍还原。

5～8拍　下肢步伐：5～8 同 1～4 拍，但方向相反。

组合二：第五～第八个八拍

动作同第一至第四个八拍，但方向相反。

组合三：第一个八拍(图 1-51)

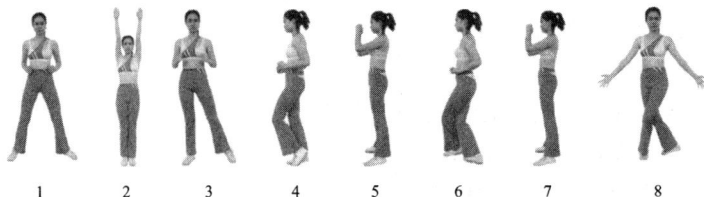

图 1-51　二级组合三第一个八拍

1~4拍　下肢步伐：右脚侧并步跳 step jump。
　　　　上肢动作：双臂上举、下拉。
5~8拍　下肢步伐：左脚右转90°侧交叉步 grapevine。
　　　　上肢动作：双臂屈臂自然摆动，第8拍，双臂侧下举，上体向左扭转90°，朝正前方。

组合三：第二个八拍（图1-52）

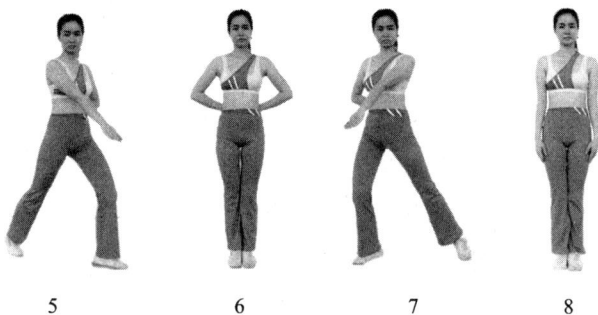

图1-52　二级组合三第二个八拍

1~4拍　下肢步伐：向右侧并步跳 step jump 4 拍时左转90°。
　　　　上肢动作：双臂上举、下拉。
5~8拍　下肢步伐：左转90°左脚开始侧并步2次 2 step touch。
　　　　上肢动作：5~6拍右臂前下举，7~8拍左臂前下举。

组合三：第三个八拍（图1-53）

图1-53　二级组合三第三个八拍

1~4拍　下肢步伐：左脚向前一字步 easy walk fwd。
　　　　上肢动作：1拍双臂肩侧屈，2拍双臂下举，3~4拍双臂胸前屈。
5~8拍　下肢步伐：左、右依次分并腿2次 open close。
　　　　上肢动作：5~6拍双臂上举掌心朝前，7~8拍双手放膝上。

组合三：第四个八拍（图1-54）

1~4拍　下肢步伐：向后一字步 easy walk fwd。
　　　　上肢动作：1~2拍手侧下举，3~4拍胸前交叉。
5~8拍　下肢步伐：依次分并腿2次 2 open close；
　　　　上肢动作：双臂经胸前交叉1次侧上举，1次侧下举。

组合三：第五～第八个八拍

动作同第一至第四个八拍，但方向相反。

图 1 - 54　二级组合三第四个八拍

组合四：第一个八拍(图 1 - 55)

图 1 - 55　二级组合四第一个八拍

1～8 拍　　下肢步伐：右脚开始小马跳 4 次，向侧向前呈梯形 4pony。

　　　　　　上肢动作：1～2 拍右臂体侧向内绕环，3～4 拍换左臂，5～8 拍同 1～4 拍。

组合四：第二个八拍(图 1 - 56)。

图 1 - 56　二级组合四第二个八拍

1～4 拍　　下肢步伐：右脚向右后弧形跑四步，右转 270°4jog。

　　　　　　上肢动作：屈臂自然摆动。

5～8 拍　　下肢步伐开合跳 1 次 jump jack。

　　　　　　上肢动作：5～6 拍双手放腿上，7 拍击掌，8 拍放于体侧。

组合四：第三个八拍(图 1 - 57)。

1～4 拍　　下肢步伐：右脚向右前上步后屈腿 step knee。

　　　　　　上肢动作：1 拍双臂胸前交叉，2 拍右臂侧举、左臂上举，3 拍同 1 拍，4 拍双手叉腰。

5～8拍　　下肢步伐：右转 90°，左脚向前上步后屈腿 step curl。

　　　　　　上肢动作：动作同 1～4 拍，但方向相反。

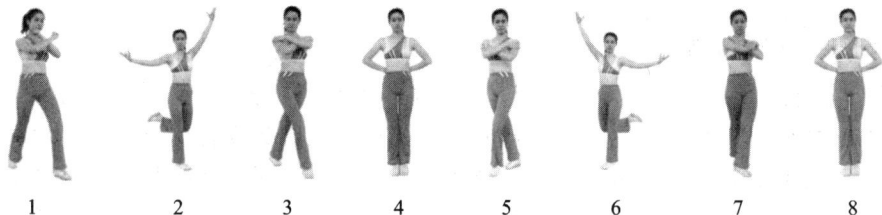

图 1 - 57　　二级组合四第三个八拍

组合四：第四个八拍(图 1 - 58)

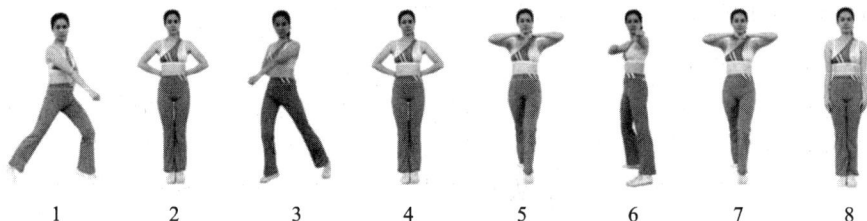

图 1 - 58　　二级组合四第四个八拍

1～4拍　　下肢步伐：右、左侧点地各一次 2 tap side。

　　　　　　上肢动作：1 拍右手左前下举，2 拍双手叉腰，3～4 拍动作相同，但方向相反。

5～8拍　　下肢步伐：右脚上步向前转脚跟，转髋，还原 hip twist。

　　　　　　上肢动作：5 拍双臂胸前平屈，6 拍前推，7 拍同 5 拍，8 拍放于体侧。

组合四：第五～第八个八拍

动作同第一至第四个八拍，但方向相反。

第六节　健美操的锻炼价值

　　健身性健美操是一项适合不同年龄层人群的运动项目，其锻炼价值首先在于健身。其次，经常进行健身性健美操的练习，对全身的组织器官的功能、心理都能起到增强、改善与调整的作用。

一、健身性健身操对肌肉、骨骼系统的锻炼价值

　　经常进行健身性健美操锻炼，有益于肌肉、骨骼、关节的匀称与和谐发展，有利于形成正确的体态和健美的形体。人体有 500 多块肌肉，除附着于骨骼外，心脏、血管、肠胃道、子宫、膀胱、尿道都有肌肉。肌肉中布满神经感觉器官、血管和各种腺体。肌肉由肌纤维组成，具有收缩功能，经常进行健身性健美操锻炼，可使肌纤维变粗而且坚韧有力，增加其中所含蛋白质及糖元等的储蓄量，使血管变丰富，改善血液循环及新陈代谢，增强动作的耐力、速度、灵活性、准确性。肌肉附着于骨骼，经常进行健身性健美操锻炼，可改善骨骼的血液循环及代谢，使骨外层的密质增厚，骨质更加坚固，从而提高骨骼系统抗折断、

弯曲、压拉、扭转的能力。骨与骨相连形成关节，其周围由韧带和肌肉包围，经常进行健身性健美操锻炼，可加强关节的韧性，提高关节的弹性和灵活性。

二、健身性健美操对内脏器官的锻炼价值

1. 对心肺系统的影响

健身性健美操活动持续时间长，参与的身体部位多，这对女性来说，有利于提高她们的生理机能。实验研究结果显示：参加半年以上健美操锻炼的女性其肺活量明显增加，安静时心率下降，心血管指数明显提高。这说明：锻炼提高了呼吸系统的换氧功能，心输出量加大，心血管系统的机能得到提高，使更多的肺泡扩张而吸入更多的氧气；呼气时胸廓尽量压缩，排出更多的二氧化碳废气，从而使整个机体组织的有氧耐力提高。通过长期健美操的健身运动，人的呼吸加深，次数减少。这是一种最有力而收获最大的呼吸方式，可使呼吸肌得到充分的休息，呼吸功能好对人体维持旺盛的精力十分有利。

2. 对消化系统的影响

经常进行健身性健美操的锻炼，能提高消化系统的功能，使消化液的分泌增加，胃肠蠕动增强，食物的消化、吸收加速。另外，做健美操时呼吸加深，膈肌大幅度上下移动和腹肌的活动对胃肠道能起到按摩作用，从而增强其消化功能。由于整个机体的血液循环加速，新陈代谢旺盛，进而可使肝脏的功能得到改善。

3. 对其他内脏器官的影响

经常进行健身性健美操锻炼，能改善肾脏的血液供应，提高肾脏排除代谢废物的能力，能加强肾脏对水分及其他对身体有用物质的重吸收。同时对皮肤也有好处，能增加皮肤血液循环，促进其新陈代谢，提高其感觉的灵敏度，增强皮肤对冷热的适应能力，从而增强人体的防御能力。

三、健身性健美操对心理的锻炼价值

人的心理活动的本质是大脑对外界客观事物的反映。经常参加健身性健美操锻炼可以调节人的心理活动，陶冶美好情操。

健美操运动可以调节人的心境。现代工作与生活的紧张节奏会使人产生紧迫感、压抑感；紧张的体力与脑力劳动又会使人产生疲劳感，广大妇女处于经期、更年期的心理烦躁、抑郁时，参加健美操锻炼则能起到调节、改善心理活动的积极作用。健美操锻炼可以吸引、转移人的注意力，可以使人体形健美，使人的心理产生一种满足感；在优美动人的音乐声中，进行节奏明显、活泼愉快的形体练习，既能调节、改善人的心理活动，松弛一下紧张的神经，又能转移和消除人的疲劳感、压抑感，使大脑得到积极性休息。

健美操运动还可以陶冶人的美好情操。通过健美操的锻炼可以增强人们对健美的追求。由于锻炼后自身形体健美的变化，自我欣赏能力的提高，健美操锻炼者会感到生活很充实，使他们变得活泼开朗、朝气蓬勃，这也是健美操锻炼带给人们的心理健康的效果。

第二章 排 舞

第一节 排舞简介

排舞——作为一种国际性的健身舞蹈、一种生活时尚，正越来越受到现代都市男女老少的青睐。它兼具拉丁舞的热情奔放和国标舞的优雅舞姿，集舞蹈、体育、艺术于一体，具有广泛的健身性、娱乐性和大众性。近年来排舞风靡世界，受到不同国籍、性别及年龄的人们的参与和喜爱，已成为一种"国际健身语言"。

一、排舞运动的概念

什么是排舞？很多人对这个名字肯定非常陌生。其实，排舞从其英文名"Line Dance"的字面上就可以得知它是排成排跳的舞蹈。它起源于 20 世纪 70 年代的美国西部乡村舞曲，也叫牛仔舞。最早用吉他和拍手伴奏起舞，随着时代的发展，融入了欧洲宫廷和拉丁式的舞步。它的特点是舞步多元、风格创新、简单易学，有别于体育舞蹈的是它不需要舞伴，是一种既可个人独享，又可与团体共乐的舞蹈。

排舞发展至今已有 3000 多支舞曲，每一支舞曲都有自己独一无二的舞步。新舞曲的编制，必须经过国际排舞协会的认证才能够在全球推广。所以，同一支舞曲，全世界的跳法都是统一的。在这个一致的舞蹈标准下，排舞的舞者可以在世界各地享受以舞会友的乐趣。每当有新的舞曲时，经过排舞协会认证的专业排舞教练可以根据新的舞步教授学员。由于不断有新的舞步和舞曲出现，跳排舞始终有新鲜感。排舞协会还会在全世界举行比赛，参加的人数经常打破吉尼斯世界纪录。这也是排舞在全世界广泛传播的原因之一。

排舞与国际标准交谊舞（国标）有着紧密的联系。国标包括拉丁、摩登两大舞种。拉丁舞起源于古巴热情奔放的舞蹈，之后演变出伦巴、恰恰、桑巴、牛仔和斗牛舞；摩登舞最早起源于西方的宫廷舞蹈，之后演变出华尔兹、狐步舞、快步舞、维也纳华尔兹、探戈。通俗地讲，排舞这项运动既源于国标又高于国标。首先，排舞融入了多种舞蹈风格，舞步不仅仅吸取了国标所包括的所有舞蹈元素，还吸取了如 Ballroom（舞厅舞）、Jive（爵士舞）、Irish（爱尔兰舞蹈）、Funk（街舞）等多种元素；其次，无论是拉丁舞还是摩登舞都需要男女结伴起舞，因此在一定程度上限制了喜欢跳舞却又难于结伴的人群。而排舞不需要舞伴，也没有年龄限制，排成一排，随着轻松活泼、旋律优美的乐曲，既可独舞，也可万人齐跳；再次，虽然排舞每一支乐曲的舞步动作要求全世界统一，但是对于身体及手臂的动作并无统一要求，所以根据个人喜好可以自编动作。而且，与国标舞相比，排舞运动还有一大优点，那就是对舞者的身体姿态要求不高，跳舞时你可以先学走步子，带一些手臂动作，待你完全掌握了舞步及方向变化之后，再将胸、腰、髋摆动起来。

作为一个新引进中国的舞蹈运动项目，学跳排舞不但可以从中学到优雅的姿势，还可以放松心情，舒缓紧张的情绪，并且轻松达到健身减肥的效果，让生活更加健康美好。

二、排舞运动的基本特征

（一）音乐题材的丰富性

排舞音乐多为具有浓厚牛仔风格的美国西部乡村歌曲，有经典的西洋老歌，也有许多现代音乐元素，如爵士、拉丁、华尔兹、街舞，以及世界名曲，甚至歌剧主题曲。丰富多样的音乐形态是排舞创编的资源库。多元的舞曲可满足不同性别、不同年龄层次人的需求。青年人热情奔放、激情洋溢，可以选择拉丁舞、爵士舞、街舞等舞曲；中老年人则可以选择舒缓柔情的舞厅舞曲目。

（二）动作元素的多元性

排舞是拉丁舞、爵士舞、街舞、舞厅舞等的"大集成"，其舞步的选择自由度十分大，有恰恰、伦巴、曼波、牛仔、华尔兹、摇滚及其他舞蹈的基本步，也有诸多民间舞步。尽管动作多元，有多样的舞蹈元素组合参与，但其曲目有简单的，也有复杂的，有慢节奏的，也有快节奏的，体现出整体的多元性。除了步伐的统一外，对躯干和上肢动作并没有具体规定，每个舞者都可跳出自己的风格，展现完全属于自己心灵的诠释，这更增添了排舞的魅力。

（三）舞步与音乐的高度结合性

排舞的每一支舞曲都有世界共同的舞序，所以排舞是全世界同步的舞蹈，每一支舞曲对应独特的、完整性节奏和风格的舞步。如今流行的舞曲一般由世界知名的排舞老师依照舞曲的歌词意境及节奏风格编舞，动作选择设计完全取决于音乐特点和风格，具有高度匹配性。音乐与动作的一致性不仅体现出艺术美感，也让舞者体验到二者融合的愉悦感。

（四）形式的少局限性，广适应性

排舞运动不受场地器材的限制，参与性极强。城市、乡镇、学校、社区、商场等都可以开展。除了音乐，不需其他任何器材，人们可以随时随地享受排舞带来的快乐。和国标舞相比，排舞如同单人拉丁舞，既没有双人舞的尴尬，也没有团体舞的压力。排舞动作着重在步伐，对躯干和手臂并无统一要求，身体可以随着音乐自然摆动，也可以随着当时的感觉增加一些手势以表现自己。每首舞曲的舞步以 32、48 或 64 拍为完整小节，在两个或四个方向重复跳，拍数少，易学易记，所以适合所有年龄层，易普及，体现出少局限性和广适应性。

三、排舞的文化品性

排舞源于美国，注定了其与西方体育文化相应和。历史承载文化，文化彰显历史，哲学又统合文化。不同领域、不同民族有其独特的文化品性。所谓品性，特指品质性格，排舞的文化品性则是指排舞的本质特征和心理特点。

（一）回归体育本源——原生态舞

舞蹈来源于生活，产生于原始人的劳动生活之中并随着人类社会的发展而发展，舞蹈是通过人体各个关节的不同变化，而塑造出各种不同形体动作与造型姿势的体育与艺术相结合的一项活动。在人类社会的原始阶段，人们在与大自然的斗争中取得了胜利或丰收的喜悦时候，就会聚在一起拿着工具或胜利品，蒙上猎获物的皮毛角尾，即兴地手舞足蹈起来，这些集体的、简单的动作就是具有健身和娱乐性质的原始舞蹈。这个时期的体育与舞蹈并无严格的区分，都产生于生活之中，而当人们食不果腹、衣不遮体时，为了食物和取暖等生理需求，人们需要同猎物、野兽、大自然等作斗争，这后来演变成了体育中的竞技成分，而祭祀、庆祝等宗教性质的艺术表演则是体育中的娱乐成分。排舞则更多的是表演、娱乐成分。排舞还原了体育的原生态，从起源到动作风格，从风格到音乐，从舞蹈到观众，无论是动作的方向、动作的幅度、动作的质感还是队形的变化，都与原始舞蹈有异曲同工之妙。

（二）注入时尚元素——平民风情舞

随着时代的发展，排舞融入了越来越多的时尚舞蹈和音乐元素。发展到现在的舞蹈风格有恰恰、曼波、伦巴、桑巴等拉丁风格；摇摆步、三联步、踏点步等摇摆风格以及华尔兹、街舞、舞厅舞步等。在音乐方面除了浓厚牛仔风格的美国西部乡村歌曲，也有经典的西洋老歌，像猫王、迈克尔·杰克逊的名曲。在我国除了北京、上海、广州等发达城市的民众有机会接触到比较时尚的健身项目之外，绝大多数的全民健身项目还是传统的秧歌舞、迪斯科集体舞和交谊舞等。而像拉丁舞和摩登舞的学习也会因为舞蹈的标准要求高或者是因为没有舞伴等使很多人望而却步。排舞的特点是脚步的变化，对于上肢并没有严格的要求，不同的人群可以根据自身的特点跳出不同的风格，既有拉丁、摩登的风情，又平民化、简单化。例如在马来西亚的访问中，中国排舞队表演了中国创编的排舞《永远的朋友》、《weare ready》和《卓玛》，等带有浓郁的中国风，受到全场排舞爱好者的热烈欢迎。

（三）融合异域风格——都市生活舞

排舞的舞蹈元素既有国标和拉丁的舞风，又有迪斯科和现代交谊舞的影子，但却不是几者之间的简单叠加。国标舞需要男女舞伴且男女舞伴的中腰要求始终微贴，动作幅度要大和快速连续旋转等，这种技术要求无论从思想上还是身体素质上我国广大人民都难以适应，很难成为都市生活全民健身的一道风景线。迪斯科舞很随意，大多不需要舞伴，但是其舞步简单、单调、缺少趣味性和挑战性，而且没有专门的机构创编新的舞步。而排舞由于不断有新的舞步和舞曲出现，跳排舞始终有新鲜感，排舞协会还会在全世界举行比赛，参加者经常打破吉尼斯世界纪录，真正能够实现全民健身。

第二节　排舞的锻炼价值

在国外，研究表明排舞能够有效提高人体心肺功能和身体的协调性，同时可以舒缓情绪、缓解压力，除了健身、健心和健脑等价值外，还具有一定的社会价值和美学价值。

一、健身价值

排舞的绝大多数舞曲处于 2～5 min 之间，属于中等耐力有氧运动。开始阶段，能量主要来自血糖的分解，到后期才开始动用体内脂肪的氧化。由于排舞是多舞种的"大集成"，许多曲目都有腰腹部和髋部动作，有利于塑造优美形体。每个人根据自身情况，随着旋律优美、轻松活泼的音乐将舞步、身体、手臂动作结合起来，幅度可大可小，自由发挥。通过一定量的练习，肌肉协调性、柔韧性和关节的灵活性，以及动作的节奏感都会大大提高。有关研究证实：持续经过一段时间的排舞运动后，可以改变人体安静状态下的生理状况，提高身体各机能系统的活跃状态，把安静时长期处于关闭状态的血管、肌纤维和神经细胞等激活，使各器官的血液获得充足的氧气和营养物质，提高消化系统机能，改善机体健康状态。

二、健心价值

从心理学的角度分析，人的注意力是心理活动对一定对象的指向和集中，也就是说注意是受指向制约的，在翩翩起舞的过程中，其注意力必然都集中在欣赏优雅的舞曲音乐，并跟着节奏将内心情感抒发在舞姿上，由于注意力的转移，就能使身体其他部位的机能得到调整和充分休息，所以参加排舞这项运动能消除紧张的情绪和缓解压力，练习者能够在优美动听的音乐、美妙的舞姿中，消除疲劳、陶冶心灵，感受到愉快的情绪，从而达到最佳的心理状态。

健身排舞和其他体育休闲方式一样，它可以使人获得一定的感官满足和精神放松。排舞丰富的音乐、多变的舞步、自由的参与形式使人们在参加时能最大限度地放松身心，产生出幸福和自我满足的个人情感，增强人们积极的自我想象。参与排舞练习还能增进人与人之间的思想交流，产生亲密感，消除对现实生活的不满，有效降低心理负荷，增强健康信心。一边运动一边享受优美的音乐，身心兼顾，一举数得，无疑是理想的缓解心理压力的方式之一。

三、健脑价值

记忆是过去的经验在人脑中的反映。它包括识记、保持、再现和回忆四个基本过程，其形式有形象记忆、概念记忆、逻辑记忆、情绪记忆、运动记忆等。在排舞的练习过程中不仅要运用形象记忆、概念记忆，而且还要运用情绪记忆和运动记忆。随着年龄的不断增长，记忆力会以很慢的速度减退，这是自然规律，也是正常现象。通过排舞练习以及对大脑神经的不断刺激，可减缓记忆力减退的生理现象，达到良好的健脑效果。

四、健美价值

排舞的练习是在优美动听的音乐旋律中，用心灵共舞，把细腻的情感注入舞姿中，并以高超的舞蹈技艺形神一致地表现出各种动与静的姿态，塑造出各种美妙的意境组合，体现出美的姿态、美的造型，营造出体育与艺术、健与力高度结合的意境，给人们以艺术熏陶和美的享受。因此，排舞练习对形态、姿态、健康等方面都有较高的要求，经常参加排舞练习是一项很好的形体训练，它能提高人体的协调能力，强健身体各个部位的肌肉群，增加骨骼的骨密度，具有十分积极的健美作用。

五、终身锻炼价值

排舞运动适合各个年龄层次，练习的门槛较低。"凡是会走路的人都会跳排舞"这句话表明，即使没有舞蹈基础的人也能进行排舞练习。针对不同性别、年龄层次的人群都有较为适合的运动量和强度，具有终身锻炼价值。

六、社会价值

社会体育的发展始终受到社会政治、经济、文化的深刻影响，这些因素从根本上制约着社会体育的发展方向、规模、速度与水平。社会体育的参与主要取决于生活方式、社会物质条件和个人的体育价值观念。余暇时间是社会体育发展的重要前提，我国生产力水平低下，造成居民余暇时间偏短，我国居民余暇时间的活动大多停留在"消除疲劳型"上，没有提升到"消遣娱乐型"的层次。排舞运动对时间要求不高，30 min 左右就能收到较好的锻炼效果。开展这项运动，也不需要配备专门的服装或是运动器械，一双舒适的鞋就可以。排舞的少局限性、广适应性使得制约社会体育发展的时间、社会物质条件等因素的制约性相形见拙，人们可以轻松自由的参与、享受这项休闲运动。排舞"排排跳"的形式决定了参与者必须组成一种临时的或相对稳定的健身娱乐群体。参与者以提高健康水平、支配余暇时间、扩大社交范围为目的，无论是在城市，还是在农村，无论是依附于社区，还是单位，无论是自发组织，还是单位组织，它都传输着一种积极的生活理念，倡导健康向上的生活方式，有利于增强地域、社区、行业内部的凝聚力，在当前营造和谐社会、创造社会主义新生活的大环境下，无疑起到润滑剂的作用。

七、美学价值

排舞体现了音乐与舞蹈的共性美。音乐与舞蹈有着天然的姻缘关系。音乐以其优美的旋律、鲜明的节奏、多彩的风格使舞蹈的艺术表现力更加丰富动人。音乐通过自身的旋律和节奏不但增强了舞蹈情感的表达能力，也和舞蹈的节奏融合在了一起，增强了舞蹈的美感和艺术表现力。在健身排舞中，由于每支乐曲对应特定的舞步，音乐与舞蹈真正地珠联璧合，相互映照，达到一种大众都可体验的。

排舞参与人数众多，动作整齐划一，体现出形式美。在美国亚特兰大，17 000 人打破了由香港在 2002 年创造的 12 000 多人的排舞吉尼斯世界纪录。在我国，2007 年 8 月 8 日浙江省群艺馆、杭州市上城区体育局进行了"万人排舞奥运情"活动的盛大开幕。诸如此类有关排舞的活动不胜枚举。参与人数众多，气势磅礴的排舞运动给人们带来了巨大的视觉享受。表演时统一的服装，整齐划一的动作，热情洋溢的笑脸，无不让参与者和欣赏者同时感受到排舞带来的表演艺术和表演形式上的美。

排舞的音乐和舞步的多样性、异域性体现了不同的民族美。人类对其周围的自然环境在自身头脑中产生的思想印象在同一文化集团的人中是相同的，因为心理因素是地理事实的源泉，是人与自然的媒介，就像文学、艺术、音乐、舞蹈等也都是注重反映人对自然的赞颂或哀怨……故而人类的生存和生活全靠人对环境所提供的多种可能性中所做出的选择，可见这种选择以及由此产生的文化现象具有典型的地域性。

八、娱乐价值

运动的乐趣主要在于通过审美得到自由享受与审美快感。运动给人的快感，并非是从一系列可能使人产生快意的事物中随意选择出来的一种，而是从一种高级活动（即身心健康）中取得的一种"高级的快感"。健身排舞洋溢的热情，风格各异的音乐，看似随意却又充满活力的动作，使参与者和观赏者都可以得到身心的自由享受和审美快感，是人们工作学习之余放松身心、消遣娱乐的首选。

　　总之，排舞是将健身性、娱乐性、观赏性、趣味性和群众性等融为一体的运动形式，并与现代生活方式密切相关，目前这项运动在世界上已被列在几大最具健身性项目的首位。

第三节　排舞的发展状况

一、排舞的形成与发展

　　排舞从属性上讲是一种大众的集体舞种，也可以单独跳，是目前全球流行的一种健身舞蹈。排舞的舞步源自欧洲皇室的宫廷舞，舞风比较拘谨，后来流传至民间改造成轻松的舞步，并随着欧洲移民到了美国，成为美国 20 世纪初期流行的社交舞。后来受不同练习环境的影响，派生出各种不同风格的排舞。其中美国西部乡村民间舞的传播与发展，形成了现代排舞最为典型的一种风格形式。但排舞真正意义上的发展是从 20 世纪 70 年代美国西部开始的，并于 20 世纪 90 年代传播到世界各地。

　　排舞从 2004 年传入我国，很快在北京、广州、上海风行。一些地方的体育主管部门还将排舞作为全民健身项目在本地区进行推广和普及。资料显示，从 2004 年至今，北京市每年都会在全民健身节和奥林匹克文化节活动期间进行排舞表演和竞赛活动。广州、香港、澳门三地每年都要举办排舞的交流活动，上海还建立了国际排舞的专业委员会网站，内容涵盖排舞的所有资讯。目前，国际上经过国际排舞协会认证的排舞就有 3000 多支，其内容不仅涵盖所有的国际舞蹈，同时还包括舞厅舞、爵士舞、爱尔兰舞蹈、街舞以及各国各具民族风格的特色舞蹈，这些舞蹈受到世界各地人们的广泛喜爱和推崇。

二、排舞流行的成因分析

　　排舞文化最初是基于美国民间的社交舞和民间乡村牛仔舞，它经过融合和优化后，现在已经发展成为具有一定影响力的国际性体育舞蹈，在世界各地流行与发展，与它不断继承创新和专业化国际性的组织管理息息相关。

（一）继承和创新

　　排舞的形成与发展既是对国标舞继承的结果，也是对其改造的结果。首先，排舞的舞蹈元素来源于国标，它是在国标舞的基础上编成并集音乐、舞蹈、健身为一体的、一人跳的、简单易学的健身舞。尽管在表现形式上与国标已大相径庭，但仍能从排舞的基本舞蹈中体察出国标动作的痕迹；其次，排舞是在国标基础上改造发展起来的，主要表现在：第一，内容由单一向多元化发展。排舞不仅包括国标的所有舞蹈元素，同时还吸取如舞厅舞、爵士舞、爱尔兰舞蹈、街舞等多种舞蹈元素，使得人们在跳排舞时始终有新鲜感。第二，形式上化繁为简。由双人跳的国标舞简化为单人跳的排舞，可以避免受舞伴限制。第三，编排上化难为易。排舞的动作简单、优美、流畅，风格特点鲜明、突出，音乐形态丰富，队形变化有趣，有无基础都可以很快融入其中学习和体验。正是基于这些不同风格舞蹈元素的融合与优化，才使得排舞相较国标而言，更显丰富性、时尚性、广泛性。此外，排舞之所以能风靡世界并产生一定的影响力，还在于它能凸显舞者的主体性和满足舞者的价值愿望。这种"重步伐轻上肢要求"的舞蹈，摆脱了别种舞蹈程式化的划一性或刻板性，取而代之的是舞者无拘无束的即兴发挥，即舞者可以根据自己对音乐、舞蹈的理解，配上各种上体姿势来诠释出属于自己的舞蹈。这种充满自在、自主、自信和自由的舞蹈，对于当今面对较大工作压力、推崇健康人生、向往自由和自我价值感的都市现代人无疑更具吸引力。

（二）专业化的国际性组织

排舞在国际上的流行与推广，固然有它吸引人们眼球的内在因素，但其融入专业化、国际性的管理方式则是排舞发展的关键所在。在文化建设与发展上，美国拥有较为成熟和完善的社会管理机制，其较为固定的体育社团网络和有效的管理办法，是排舞在国际上得到传播、发展的重要推手。每当有新舞曲舞步产生时，排舞的最高组织—国际排舞协会都会严格审查、认证（只有通过后才能把它放在其官方网站上向全球推广发行），再由分布世界各地的并经过国际排舞协会认证的专业排舞师下载"Step Sheets"舞步描写表，学习研究后再传授给学员们。

三、排舞成为全民健身活动支柱项目的优势

随着社会主义市场经济的确立，家庭收入的普遍增多，新的生活方式的逐步形成和《全民健身计划纲要》的顺利推行，全民族的健身活动呈现出空前活跃、百花齐放的可喜景象。排舞这一运动项目满足了大众的社会需求，所以在全社会引起了广泛的反响，成为流行时尚。把这种流行时尚顺势纳入全民健身计划之中，为新时期推行全民健身计划构建了一个崭新的平台，在更广泛的人群中得到顺利推广、普及，使排舞造福更多的人群。

（一）场地要求低，符合我国国情

我国还处于发展时期，体育投资较少，体育场馆设施严重不足，这是不容回避的客观现实，我们不能等条件成熟再开展全民健身运动，而应该积极创造条件，针对国情，选择合适的运动项目。在众多的运动项目中，排舞这一新型健身项目在这方面可充分体现其优势。我国设施完善的大型场馆主要用于比赛和运动队，绝大多数场馆不对大众开放，真正能用于大众活动的场所很少。而排舞不受场地限制，平地、砖地、木板地，户内户外，小区里、街道旁，公园里等均可进行练习。

（二）动作简单易学，适合各年龄人群

排舞虽然有全世界统一的步法，但对身体动作没有要求，锻炼者可以根据自己的喜好演绎出不同的风格、韵味。排舞在保证全身得到锻炼的基础上，把复杂的舞蹈动作进行了简化。动作简单易学，其专业技术要求不高，动作简单而不乏味，优美而不难掌握，跟着教练做，通过观看、模仿很快就可以掌握动作。在排舞练习中不会因为拉丁技术不到位而措手不及，也不会因为舞姿不美而羞于参与，只要你能跟上步法，跟上节奏，你就可享受舞蹈带给你的快乐。排舞没有年龄的限制，老少皆宜。

（三）安全有效，满足大众健身需求

排舞内容丰富，风格多样，具有可接受性特点，能为不同年龄、性别和体质状况的对象所接受。该运动属有氧运动，安全可靠，运动心律不会超过 150 次 / 分，同时，排舞运动没有与他人身体的接触，因此不存在危险隐患，参与者可以尽情地享受舞蹈的快乐。另外，参加排舞练习，不必担心舞伴和尴尬，可以独舞，也可和舞伴一起跳，还可以大家一起跳。同时，虽然大家的舞步都是一样，但自由的风格让你不必担心出错，也不必担心自身的条件。所以，排舞运动可以满足不同身体状况健身者的需求。

（四）和谐时尚，迎合社会发展趋势

党的十六大报告指出：在未来 20 年中致力于全面建设小康社会。"全面小康"必然会在富裕的基础上产生新的生活。排舞满足了现代社会对健身的要求，它必将成为全面建设小康社会的主流健身项目。

排舞作为一项新兴休闲体育项目，其风格多样、特点突出，适合各年龄层次人群的健身和娱乐要求，具有很高的健身和健心价值，符合现代竞争社会下全民健身的需要，具有较强的推广价值。随着人类社会的不断发展和人们生活水平的不断提高，人们对物质、文化、健康水平及休闲娱乐的要求也在改变。排舞作为一种具有很好锻炼价值又深受大众喜爱的流行运动项目越来越有影响力。相信不久的将来，排舞运动将成为国内外群众体育运动的热门项目和现代体育健身运动的新热点。

第四节　排　舞　的　推　广

排舞是群众性舞蹈发展的极致，是音乐与舞蹈的完美联姻，从交谊舞到迪斯科、霹雳舞、街舞，再到爵士舞，虽然形式和种类多样，但这些项目无不有鲜明的制约性。排舞打破了舞种和音乐的界限，在音乐与舞蹈动作间找到了联结点，在竞技、表演、健身、休闲娱乐间建立了平衡点，是舞蹈文化全球化融合发展的结果。

当前社会全力为营造和谐社会出谋划策，主动积极开展各项活动，而全民健身计划是最有效的方式之一。健身排舞在自娱和娱人的功能上进一步扩展和升华了人们的精神世界和文化生活。大力推广健身排舞将促进农村体育和城市社区体育建设，为创造和谐的生活氛围起到积极作用。

一、排舞的推广策略

（一）排舞社会化——融入全民健身娱乐服务体系

有研究表明：排舞中的快步舞和恰恰舞与篮球移动和曲棍球一样具有很高心率指标，属大强度运动。排舞的一首舞曲基本上都在 3 分钟以上，其代谢方式应为有氧代谢，因此具有很高的体育锻炼价值。经常进行排舞练习，能改善心肺功能，加速新陈代谢过程，促进消化，消除大脑疲劳和精神紧张，从而达到增强体质、增进健康、延缓衰退、提高人体活动能力等良好的健身作用。另外，排舞的舞者可以根据自身的喜好跳出自己的风格，增添排舞的魅力。比如，社区的排舞风格可以以摇摆、民族风为主，学校的排舞教学或者是排舞社团会多一些街舞、拉丁元素，不同性别、年龄层次的人群可选择适合的运动量和强度。排舞日益明确地被赋予教育、健身等意义，逐渐聚合进入现代娱乐的潮流，迅速融入全民健身中。

（二）排舞教材化——纳入学校体育课程体系

我国学校体育的内容虽然增加了"健美操"、"体育舞蹈"等新兴运动项目，但仍然满足不了学生的需求。排舞舞步多样，舞风各异，又富有情趣，如果在学校开展这项运动，不仅有利于形成独具特色的体育课程，还能激发学生对体育的兴趣，满足学生体育健身的需求，而且在一定程度上有利于教学质量的提高。上海已经有18所高等院校建立了学生排舞社团，上海体育学院还依据专业优势，举办每年一届的排舞创编大赛，并邀请社区居民和

其他高校学生共同参与。然而，排舞运动在我国开展时间还不长，目前主要以社团的形式在大城市中出现，在中小城市和农村地区排舞运动宣传的力度还不够。而且2008年之前我国对排舞的推广主要依托于全国总工会，使它的开展仅能局限在大中城市的社区体育活动中，即使是在上海的学校体育中也只是以社团的形式存在。从长远看，这种宣传推广方式是不利于排舞发展的。排舞要想取得长足的进步必须打破社区模式这种单一的维度，走向全国的学校体育中，积极争取教育部门的支持，制定相应的学校体育政策，通过对体育教师和体育院校学生专门的培训，把排舞纳入到学校的体育课程体系中。

（三）排舞竞技化——建立排舞培训和竞赛体系

目前世界上举办的排舞比赛有排舞马拉松、排舞嘉年华、排舞吉尼斯等活动。在我国只有2007、2008年全国排舞专家杨子青老师率领中国排舞队出访国际排舞嘉年华活动，实现了我国排舞团体出访零的突破。虽然参与了一些比赛，但是参与人数太少，而且尚未形成独立的培训竞赛体系。作为国家和地区的体育行政管理部门应充分利用表演赛的杠杆来推广排舞运动，举行全国性的排舞竞赛，推出一批排舞领军人物、排舞明星、排舞教练。培训社会体育指导员、健身俱乐部教练和体育院校学生等专业人才，通过他们使排舞在社区、健身俱乐部、学校开展起来。除了举行表演赛和培训班外还可以将排舞表演作为全运会、城运会的开幕式表演，为排舞运动走向大众打下基础。

二、关于排舞新走向的思考

排舞目前已成为全民健身运动中最受大众青睐的一项内容，与其孜孜不倦的创新精神是分不开的。在社会高度发展的今天，排舞的发展，既要得到更大程度的普及与推广，被更广大的人群所熟知和接受，又要使其在进一步发展中不受到人们"审美疲劳"的影响。对此，编者做了如下三点思考。

（一）讲究方法，拓展普及面

排舞自流入中国，其流传速度和受欢迎度都达到了惊人的状态，是其他任何种类健身运动或者文化活动所无法比拟的。但是，我们所看到的、所听到的、媒体所报道的更多的是积极的一面，而事实上不少地方依旧存在着"排舞仅仅是小部分人群的活动"这种现象，很多人对排舞仍然是陌生的。针对这种客观存在事实，我们应该讲究方法，尽可能地拓展排舞的普及面。一是加大宣传。当今社会的信息技术日益发达，人们可以借助各种传播途径进行推广工作，除了报刊、杂志、书籍、广播、电视等传播平台外，互联网无疑是目前传播速度最快、最简便的工具。因此，建立排舞网站，就可以有效地进行传播工作。在宣传的过程中，尤其要对排舞的特色和功能进行描述，使未接触过的人产生好奇甚至兴趣，从而加入身边的排舞队伍当中。二是加强培训。培训对排舞的普及和推广起到了重要的作用，尤其是各地的排舞骨干将直接影响到当地排舞的推广程度。培训的方式有很多，可以是由政府部门组织的封闭式的培训，可以是由社区、社会艺术团骨干组织的自发性的开放式的培训，也可以由居委会或者某一个部门发起邀请名师过来授课。每次培训还要重点培养几名突出的学员，以使他们在接受培训后可以继续培训另外的队伍，因此培训可以直接使排舞队伍处于一个快速的递增过程。三是组织赛事。适当地组织排舞比赛，可以提高参与者的激情，尤其是赛前的突击训练对排舞技艺的提高是平时训练的数倍。比赛过程也是一个观摩、相互学习的过程，不管是参赛者或者广大观众都会受到一定启发。

（二）加强引导，营造和谐氛围

排舞具备极大的群众性、团结性和积极乐观性等特点，决定了它是和谐社会建设的一种良好方式，所以做好排舞普及与推广的引导工作至关重要。当前，群众文体活动的普及，让老百姓充分享受到了丰富多彩的文化生活。而群众文体活动的群众性在某些活动中存在着很大的局限性，如一般的舞蹈、唱歌或者书画等其他群众文化艺术，或是有些体育活动项目等都难以较大程度地体现群众性，唯有排舞活动充分体现了群众性。排舞是人们互相之间传递和表达感情的一种方式，具有明显的社交功能。社区成员之间、社区之间，往往通过有组织或自发的排舞活动来加强团结，增进友谊。人与人之间也可以通过活动增强群体内和谐的气氛，加深彼此的了解和信任。如学习排舞、跳排舞，大家能够不断地聚集在一起，从不认识到认识、再到熟悉；从最初不大好说话，到比较容易相处，无形当中就会产生一定的友情。特别是身在异乡的外来务工者，跳排舞除了能为他们增添生活乐趣外，还能通过一起跳排舞消除与异乡的隔阂，更好地融入当地生活。排舞能给群众带来更多的快乐和积极健康的身心，一旦跳上了排舞就会将其视为不可或缺的一种文化生活方式，每天大家不约而同聚在一起享受快乐时光，这能营造良好的社会风气，是提高市民素质的有效载体。

（三）大胆创新，增加健身效果

参与排舞运动时，每个人根据自身的情况，随着旋律优美、轻松活泼的音乐将舞步、身体、手臂动作结合起来，幅度可大可小，自由发挥。通过一定量的排舞练习，人体肌肉的协调性、柔韧性和关节的灵活性，以及动作的节奏感都会有很大的提高。但由于排舞脚上动作的难度不大，手上动作的幅度也不大，欲达到较好的锻炼效果，根据个人掌握的情况和身体状况，可以加大动作的幅度和力度，也可以做些创新的尝试。而在舞台上表演、比赛等应该另有要求，如编排出场及造型的规定动作时，应突出其艺术性，要具有一定的观赏性。因此，排舞在舞台上表演与在广场上锻炼应该有适当的区分。排舞的推广与普及将推动群众文化活动的大发展和大繁荣，将使一大批排舞爱好者的生活更加时尚、更加美丽、更加阳光，人民群众的文化生活也将因此更祥和、更充实、更健康。

第五节　排舞的教学

通过排舞教学不仅能够锻炼身体，培养良好的身体姿态，发展动作的协调性、节奏感，还能抒发和表达人的思想感情，培养人们的创造力、表现力、鉴赏力，加强学习者之间的交流，培养良好的人际关系。总之，通过排舞教学有助于促进学习者身心全面发展，提高学习者素质水平。排舞教学是教和学的双边活动，是教师依据教学目标，进行一系列具有本项目特点的教学指导和评价活动，是学习者掌握基本知识、技术和能力的过程。

一、排舞的教学原则

教学原则能够反映教学过程规律，是为一定的教学目的服务的，是长期教学实践经验的概括和总结。教师教学质量的高低，反映了教师对教学原则的理解程度，与在教学中能否正确把握教学特点密切相关。排舞的教学原则有以下几点。

(一)健康性与娱乐性相统一

在排舞教学过程中,应树立"健康第一"的思想,把增进健康与身心全面和谐发展有机地统一起来,把传授排舞知识、技术、技能与发展个性统一起来,与培养兴趣结合起来,以达到健身、健心的教育目标。通过排舞所进行的身体练习,能够有效地促进身体各器官功能的发展,提高健康水平,并为终身体育奠定基础,同时还对发展感知、观察、判断、想象、创造思维能力,培养健康、愉快的情绪,良好的社会行为,高尚的道德情操都有非常重要的意义。

(二)全面性与个性培养相统一

排舞教学应以人的全面发展和人格完善为价值取向,应能够满足人全面发展的需要。通过教学,教师应引导学习者学习排舞知识、技术、技能,以达到增进健康,增强体质的目的。强调发挥学习者学习的积极性和主动性,除重视学习者掌握排舞的锻炼效果外,还应特别重视发展学习者的智力和情商,培养学习者的自学能力和独立解决问题的能力以及创新能力。

(三)体能发展与技能发展相统一

排舞是一种大众健身舞蹈。因此,在排舞教学中,基本理论和技能的教学以及发展身体、增强体质,都是教学应达到的目的,两者是相互联系、相辅相成的。教学实践证明,学习者掌握技能,为发展体能奠定了知识与技术基础,而发展体能也为技能的掌握奠定了生理和生化的物质基础。因此,处理好技能发展和体能发展的关系,通过排舞教学使学习者掌握排舞技能,培养能力、发展体能,提高身体的健康水平和适应能力,为身心健康,全面发展和终生健身奠定基础,进而达到体能发展与技能发展相统一。

(四)整体性与因材施教相统一

这一原则是根据教育要面对全体学习者,同时又要考虑学习者的个性特点提出的。面向全体学习者就是要促进每一个学习者的发展,既要为所有的学习者打好共同的基础,也要注意发展学习者的个性和特长。在排舞教学中,从学习者的实际情况出发,既应注重提高学习者的整体水平,又要兼顾学习者学习的个体差异,区别对待、因材施教、因势利导。通过多种途径和方法,满足学习者的学习需求。无论是教学内容的安排还是教学方法的选择,都要注意教学的需要,即知识的整体性,还应将学习者学习要求的实用性和适用性作为重点部分加以关注。

(五)直观模仿与启发思维相统一

这一原则是依据学习者认识活动的特点提出的。学习者掌握任何排舞动作技能,都必须经过感觉、理解、巩固和运用四个阶段。在排舞教学中,学习者需要多练习,没有清晰的感觉,就不能掌握舞蹈技巧。教师通过示范等直观手段,利用学习者的多种感官和已有的经验,形成清晰的表象,丰富他们的感性认识,引导学习者对学习内容进行分析、综合、抽象和概括,通过身体活动,对所学动作建立条件反射和形成动作概念,使其掌握所学知识、技能和技巧,完成学习任务。

二、排舞教学方法

在排舞教学中常用的教学方法有讲解法、示范法、完整法与分解法、重复练习法、念动练习法。

(一)讲解法

讲解法是教师运用简明、生动的口头语言,向学生系统地传授排舞知识和运动技能的方法。讲解法是排舞教学中一种主要的、普遍的教学方法。

1. 讲解法教学主要分类

（1）完整讲解：对单个动作或简单的组合动作，从动作开始到结束进行完整的讲述。例如，讲解摇摆步时，开始的预备姿势、步伐的移动方向、动作的顺序、动作的节拍都应进行讲解。如果是组合动作，还应讲解动作的连接方法、路线变化等。

（2）分解讲解：对复杂的单个动作、组合动作或成套动作，可按动作结构或按身体部位进行分别讲解。例如，进行动作的讲解时，先讲解下肢动作，然后再进行上肢动作的讲解。

（3）重点讲解：根据课程的任务，要求重点讲解单个动作的某一部位或某一环节；根据学生完成动作情况，突出对某一动作或几个动作进行讲解。

（4）正误对比讲解：将动作的正确要领与出现的技术错误进行比较并讲解，使学生知道所存在的问题，以达到纠正错误的目的。

2. 讲解的时机和位置

（1）掌握好最佳的讲解时机，以加深对动作的理解，及时纠正错误。当学生完成动作有进步时，应作出肯定的评价，但在学生练习中不宜过多地讲解。

（2）讲解时教师所站位置也十分重要，要考虑所有的人都能听到，还要根据动作结构，选择合理的位置，以达到良好的视觉效果。尤其在与示范动作结合进行讲解时，要注意正确选取最佳的示范面进行讲解。

3. 运用讲解教学法的注意事项

（1）讲解要有目的性：所讲的内容要围绕教学任务、内容、要求以及教学过程中学生存在的问题等情况有针对性地进行讲解。

（2）讲解要正确：教师所学的内容应科学、准确，即言之有理，实事求是，又需运用统一规范的排舞专业术语。

（3）讲解要简洁易懂：简明扼要，通俗易懂，力求少而精。讲解的顺序要合理：讲解的顺序一般先讲下肢动作，再讲上肢动作，最后讲躯干和头颈、手眼的配合。

（4）讲解要有启发性：在教学中力求用生动形象的语言引起学生的兴趣、培养学生的发散思维，使学生将听、看、想、练有机地结合起来。

（5）讲解要有艺术性：讲解必须使用普通话，口齿清晰，层次分明；表达应生动形象，有趣味性、感染力。同时，恰当的情感和声调都会使语言产生巨大的艺术效果。

（6）讲解要有节奏和鼓舞性：讲解的语言节奏是指语言的声调、强弱按特定的顺序和时间间隔进行组合。有节奏和鼓舞性的讲解语言有利于激发学生练习的积极性。

（二）示范法

示范法是教师以自身完成的动作作为教学的范例，用以指导、带领学生进行技术动作练习的方法。它使学生直接感知动作的全貌，在较短的时间内建立正确的动作概念，了解动作的技术要点、顺序和连接方法等。因此，教师动作示范的质量和效果对学生影响很大。

1. 示范法主要分类

由于排舞的多样性，因此，教师动作示范时要注意选择最佳的示范面。示范面分为镜面、正面、背面和侧面。

（1）镜面示范：教师面向学生与学生同方向的示范是镜面示范，特点是学生和教师的动作相互对应。镜面示范便于教师领做和学生模仿，适用于简单动作的教学。

（2）正面示范：教师面向学生所进行的示范是正面示范。正面示范有利于展示教师正面动作的要领。例如，教师在教授新内容时，面向学生可进行单个、组合或成套动作展示，不改变动作方向。

（3）背面示范：教师背向学生所进行的示范是背面示范。背面示范有利于展示教师教授背面动作或左右移动的动作。在新授课中，教师常采用背面示范带领学生进行练习，可以使学生在身体姿态、动作方向、动作路线等方面很快地建立正确的动作概念。例如，在教授恰恰步转身 360°接恰恰步时，教师应背向学生完成动作，以给学生正确的路线和转向的示范。

（4）侧面示范：教师侧向学生所进行的示范是侧面示范。侧面示范有利于展示动作的侧面和按前后方向完成的动作。例如，曼波转身 180°接曼波的教授过程中，侧面示范可以让学生清楚地了解两个脚是如何进行交替的。

2. 示范法的要素

（1）速度：为了帮助学生建立完整正确的动作表象，教师应根据具体情况运用不同的速度进行示范。一般情况可用常规的速度进行示范，但为了突出动作结构的某些环节时则需采用两拍一动甚至是四拍一动的慢速示范。

（2）距离：应根据完成动作示范的活动范围、学生人数和安全需要等恰当地选择学生观察动作示范的距离。

（3）角度：学生视线与动作示范面越接近垂直越有利于观察。在多数学生以横队形式观察示范动作的情况下，越靠近横队两端的学生，其视角就越不接近垂直。因此，学生观察示范动作的队形不宜拉得太宽。

（4）站位：应注意让学生背向或侧向阳光，有利于观察示范动作。

（5）多媒体配合：运用多媒体与教师讲解、学生思维等紧密结合，争取最好的动作示范效果。

3. 示范法教学主要分类

（1）完整示范与分解示范：对所学的单个动作、动作组合或成套动作从头至尾进行示范，使学生对动作的整体有所了解，形成完整动作表象称为完整示范，一般在教简单动作时采用。

分解示范是指在教学的不同阶段，根据教学任务的需要，把成套动作或组合动作分成不同的部分进行示范。

（2）正误对比示范：是指对同一个动作进行正确与错误相对照的示范。这样可以及时让学生纠正错误动作，提高动作质量。

（3）重点示范和慢速示范：重点示范是指着重对动作的关键或难点部分进行示范，从而加强学生对该部分的注意并理解。

慢速示范是指放慢动作的速度和过程，使学生看清动作及其内在联系，以利于对动作的观察及理解。

4. 运用示范教学法的注意事项

（1）示范应是动作的典范：教师的示范要力求做得准确、熟练、轻松和优美。

（2）示范要有明确的目的：教授新教材时，为了使学生建立完整的动作概念，一般可先做一次完整的示范，然后结合具体的教学要求，做重点示范或慢速示范。

（3）示范要有利于学生观察：在进行示范时，要注意选择合适的示范面、示范速度以及学生观察示范的距离和角度。

（4）示范和讲解相结合：在排舞教学中，示范是通过视觉器官作用于人体，而讲解则是通过听觉起作用，两者的结合能够将技术动作的内在联系准确地呈现给学生，比单独运用一种方法效果好。

（5）多种示范结合运用：教师领做动作时，可将背面及镜面示范结合运用。转换示范面后，教师示范的方向应跟学生的动作方向保持一致。

（三）完整法与分解法

1. 完整法

完整法是指从动作的开始到结束，部分和段落完整地进行教学的方法。此种方法不破坏动作结构，不割裂动作各部分或动作之间的内在联系。可使学生建立起完整的动作概念，有利于对动作结构、节奏和连接技术的了解，以便迅速地掌握动作。

2. 分解法

分解法是把结构比较复杂的动作或组合按身体环节合理地分解成几个局部动作个别进行教学，最后掌握全部动作的方法。此种方法可以降低所学动作的难度，使学生能够集中精力掌握单个动作的复杂环节，以较快地掌握整个动作。

3. 完整与分解教学法的注意事项

（1）结构比较简单的动作可采用完整法进行教学。

（2）对于协调性要求较高的动作或复杂的动作，往往按身体各部分预先将完整动作分解成几个局部动作分别进行教学。

（3）运用分解法是为了完整地掌握动作，在进行分解教学之后，要采用完整教学法进行强化，有利于成套动作连贯地完成。在排舞的教学过程中，完整法与分解法通常是紧密结合、交叉使用，并且贯穿在其他教法之中。

（四）重复练习法

重复练习法是指不改变动作的结构，按照动作要领反复练习的方法。这种方法既有利于学生在反复练习中掌握和巩固动作技术，又有利于教师指导和帮助学生改进动作技术，并且对锻炼身体、发展体能等有较好的作用。

1. 重复练习法的形式

（1）单个动作重复：单个动作重复是指对排舞某一动作进行连续、反复的练习，适用于动作的初学阶段。该形式的重复练习方便教师观察和纠正错误动作，有利于学生集中注意力，使其能够更快地掌握和改进这一动作。

（2）组合或成套动作重复：组合或成套动作重复是指对排舞的组合或成套动作进行反复的练习，适用于动作学习的巩固与提高阶段。

2. 运用重复练习教学法的注意事项

（1）要防止错误动作的重复：教学过程中，教师一旦发现有错误动作出现，应立即给予纠正，以防止形成错误动作的动力定型。

（2）要合理安排运动负荷：在动作初学阶段采用重复练习法时，应避免负荷过大使疲劳过早出现，以免影响学生掌握和改进动作。

（3）要合理安排重复次数：在练习时，所重复的次数既能保证学生在每一次的练习时都能达到动作的要求，不降低练习质量，又能适合学生的负荷能力。

三、排舞课程教学形式

排舞课程采用集体授课形式，即在教师引领下，全体学生同时进行练习。练习内容以选定曲目的组合动作为主，一般排舞组合动作为 32～64 拍动作，四个方向。集体授课的特点是，教师在课堂上通过适宜的教学方法，呈现所授的组合动作，使学生更直观地感悟动作，形成动作表象，建立动作概念，便于更好地掌握动作要领。

四、排舞教学设计

（一）学习需要分析

不仅要考虑学生的需要，还要考虑学生的体能、技术水平及接受能力。

（二）学习目标的确定

学习目标的确定规定了学习内容的范围、深度，揭示学习内容之间的内在联系，以保证最佳教学效果。其内容包括总体学习目标、单元学习目标、课时学习目标等。

（三）学习内容的确定

（1）选择健身性内容有利于学生身心全面发展和培养终身体育意识。

（2）选择具有美育价值的内容，能够促进学生体形与姿态的健与美，同时提高学生的审美能力。

（3）选择趣味性的内容能够调动学生的积极性。

（四）学习者分析

学习者分析（学习者即学生）一般包括以下三点：

（1）学生的一般特征分析。

（2）排舞曲目分析。

（3）学生初始能力与教学起点的确定。

（五）教学目标重点难点处理

1. 教学目标

知识目标：可以用自己的语言简述动作要领，使学生了解动作的技术结构。

技能目标：保证学生在熟练完整地完成成套动作的基础上，通过反复练习并规范动作使学生能够高质量地完成成套动作。

人文目标：在整个教学过程中使学生身心得到有效锻炼，注重培养学生的团队协作能力。

2. 教学重点、难点处理

合理准确地确定教学的重点、难点，有利于教学效果的优化，把教学技能的培养始终作为教学的重点贯穿于教学的各个环节。

学生肢体的协调与乐感的培养是整个教学的重点。

（六）教学策略的制定

1. 优化教学活动程序

优化教学活动程序主要包括四个方面：传授排舞技能的教学程序；提高学生自学、自练能力的教学程序；"主动式教学模式"的教学程序；"情景教学模式"的教学程序。

2. 优选教学方法

优选教学方法主要包括四个方面：有利于达成排舞教学目标；针对教材与学生的特点；重视学生的学法；合理组合的教学方法。

（七）教学设计成果的评价

教学成果评价一般包括形成性评价和综合性评价。在教学实践中经常采用形成性评价，它主要通过有目的、有计划的调查、访问、测试等手段，收集有关信息，发现问题找出解决方案。

五、排舞教学注意事项

（一）设计教学内容的注意事项

设计教学内容要充分了解教学对象的具体情况，确定教学目标，然后安排具有针对性并且合理的教学内容。

（二）教学过程的注意事项

教学示范的动作要规范、标准、流畅；每个动作的示范点和示范面的安排要合理。要根据学生学习的具体情况分别进行动作及方向练习。

第六节　排舞曲目介绍

本节介绍排舞的两个曲目《弹跳》和《印度制造》。

一、排舞《弹跳》

《弹跳》包括前奏 4×8 拍，成套动作共 16×8 拍，单方向动作 4×8 拍，逆时针四个方向，以及手臂动作自编。

1. 第 1×8 拍（见图 2-1）

（1）第 1 拍右脚向右迈步；

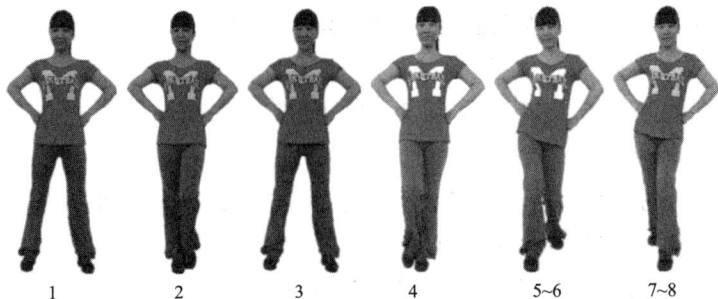

| 1 | 2 | 3 | 4 | 5~6 | 7~8 |

图 2-1　第一个八拍动作

（2）第 2 拍左脚向右并脚；

（3）第 3 拍左脚向左迈步；

（4）第 4 拍右脚向左并脚；

（5）5、6 拍前摇摆步；

（6）7、8 拍后摇摆步。

2. 第 2×8 拍（见图 2－2）

（1）第 1 拍右脚向前上半步；

（2）第 2 拍左脚侧点地；

（3）第 3 拍左脚向前上半步；

（4）第 4 拍右脚侧点地；

（5）5、6 拍前摇摆步；

（6）7、8 拍后摇摆步。

1 2 3 4 5~6 7~8

图 2－2 第二个八拍动作

3. 第 3×8 拍（见图 2－3）

（1）第 1 拍右脚向前上半步；

（2）2、3、4 拍膝盖微屈脚后跟点地向左转 90°；

（3）5、6 拍前摇摆步；

（4）7、8 拍向右转身 90°；

（5）左脚并脚。

1 2~4 5~6 7 8

图 2－3 第三个八拍动作

4. 第 4×8 拍（见图 2 - 4）

（1）第 1 拍右脚向前上半步；

（2）2、3、4 拍膝盖微屈脚后跟点地向左转 90°；

（3）5、6 拍前摇摆步；

（4）第 7 拍右脚向后撤半步；

（5）第 8 拍并脚。

图 2 - 4　第四个八拍动作

二、排舞《印度制造》

《印度制造》包括前奏 4×8 拍，成套动作共 16×8 拍，单方向动作 4×8 拍，逆时针四个方向。

1. 第 1×8 拍（如图 2 - 5）

（1）第 1～2 拍，右脚向右点地的同时向右顶髋两次；右臂侧平举，左臂侧上举；兰花指。

（2）第 3～4 拍，右脚在前，恰恰步；两手臂上举（三位手）；兰花指逆时针绕手腕两圈。

（3）第 5～6 拍，左脚向左点地的同时向左顶髋两次；左臂侧平举，右臂侧上举；兰花指。

（4）第 7～8 拍，左脚在前，恰恰步；两手臂上举（三位手）；兰花指逆时针绕手腕两圈。

图 2 - 5　第 1×8 拍

2. 第 2×8 拍（如图 2 - 6）

（1）第 1 拍，右脚向斜后方撤步；双手侧平举；兰花指。

搭拍左脚交叉于右脚后；右臂体前水平右斜 45°，左臂身体后方水平左斜 45°；兰花指。

（2）第 2 拍，右脚前点地；右手体前平屈；左手背后平屈；兰花指。

（3）第 3 拍，左脚向斜后方撤步；双手侧平举；兰花指。

搭拍右脚交叉于左脚后；左臂体前水平左斜45°，右臂身体后方水平右斜45°；兰花指。

图2-6　第2×8拍

（4）第4拍，左脚前点地；左手体前平屈；右手背后平屈；兰花指。

（5）第5～6拍，右脚在前，恰恰步；两手臂上举（三位手）；兰花指逆时针绕手腕两圈。

（6）第7～8拍，左脚在前，恰恰步；两手臂下举（一位手）；兰花指逆时针绕手腕两圈。

3. 第3×8拍（如图2-7）

（1）第1拍，右脚尖内扣点地；双手侧平举；孔雀手掌心向上。

搭拍右脚脚跟点地；双手侧平举；孔雀手掌心向上。

（2）第2拍，右脚交叉于左脚前，脚内侧面向前方；双手侧平举；孔雀手掌心向上。

（3）第3拍，左脚尖内扣点地；双手侧平举；孔雀手掌心向上。

搭拍左脚脚跟点地；双手侧平举；孔雀手掌心向上。

（4）第4拍，左脚交叉于右脚前，脚内侧面向前方；双手侧平举；孔雀手掌心向上。

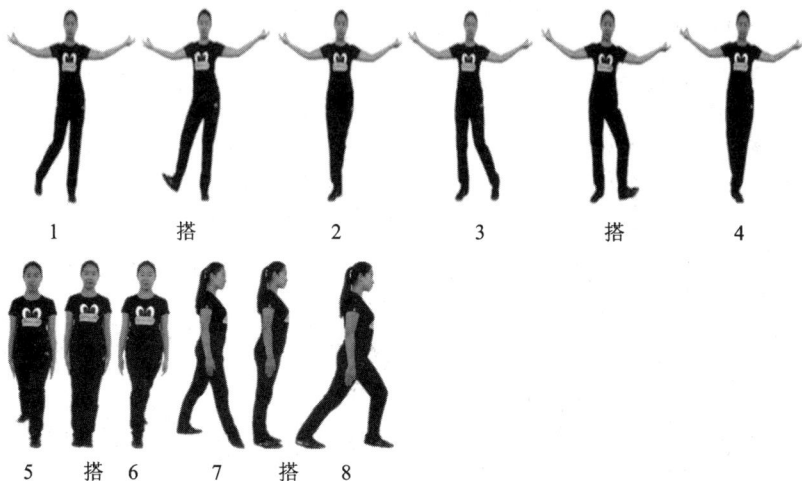

图2-7　第3×8拍

（5）第 5 拍，右脚向后撤步成左脚在前的弓步；双手自然下垂放于体侧。

搭拍左脚向后撤步与右脚相并；双手自然下垂放于体侧。

（6）第 6 拍，右脚向前迈步成右脚在前的弓步；双手自然下垂放于体侧。

（7）第 7 拍，左脚向左转 90°同时向后撤步；双手自然下垂放于体侧；身体面向 9 点钟方向。

搭拍右脚并于左脚；双手自然下垂放于体侧；身体面向 9 点钟方向。

（8）第 8 拍，左脚向前迈步成左脚在前的弓步；双手自然下垂放于体侧。

4. 第 4×8 拍(如图 2 - 8)

（1）第 1～2 拍，右脚在前的恰恰步；两手臂上举(三位手)；兰花指逆时针绕手腕两圈。

（2）第 3～4 拍，左脚在前，恰恰步；两手臂下举(一位手)；兰花指逆时针绕手腕两圈。

（3）第 5～6 拍同第 1～2 拍，第 7～8 拍同第 3～4 拍。

图 2 - 8　第 4×8 拍

第三章　瑜　　伽

第一节　瑜伽的基础知识及锻炼价值

一、瑜伽基础知识

（一）瑜伽的含义

瑜伽是 Yoga 的音译，是从印度梵语"yug"或"yuj"而来，其含意为"一致"、"结合"或"和谐"。这也是瑜伽的宗旨和目的——将思想和肉体结合至最佳状态，把生命和大自然结合到最完美的境界。

瑜伽是一个在通过提升意识帮助人们充分发挥潜能的哲学体系指导下的运动体系。大约在公元前 300 年，印度的大圣哲瑜伽之祖帕坦伽利（Patanjali）创作了《瑜伽经》，印度瑜伽是在其基础上成形的，瑜伽行法被正式定为完整的八支体系。印度瑜伽不仅是古印度文明在艺术、哲学、医学领域的奇迹，更已成为世界文明的瑰宝。因其完备的科学性、高度的艺术性和独特的智慧性，已延续 5000 年并流传至今。20 世纪以来，经东西方深入的科学研究，它的神奇功用被进一步证实，已被西方研究证明是人类最适宜、最有效的修身习练法之一，这一集文化、艺术、哲学、医学的运动方式再次风靡各国，进入了历史上又一个繁盛时期。

（二）瑜伽的起源

"瑜伽"的思想和实践在印度源远流长，最早可追溯到公元前 3000 年前的印度河文明。据考古发现，当时居住在印度河流域的达罗毗荼人就已开始从事瑜伽实践活动。在摩亨佐达罗和哈拉帕的考古遗址上，曾出土一些石雕和印章，这些石雕和印章上就刻有人进行瑜伽冥思和各种瑜伽坐法的图案。这说明，大约在 5000 年之前印度的先民就已有瑜伽活动了。古印度瑜伽修行者在大自然中修炼身心时，无意中发现各种动物天生具有治疗、放松、睡眠或保持清醒的方法，患病时能不经过任何治疗而自然痊愈。于是古印度瑜伽修行者根据动物的姿势观察、模仿并亲自体验，创立出一系列有益身心的锻炼方法，也就是体位法。这些方法历经了五千多年的锤炼，让世世代代的人从中获益。也有人分析，这些方法的产生跟印度的自然环境有关，在印度那种高温炎热的气候下，人们在森林里通过瑜伽静心冥思，对抵御酷暑湿热是绝对有益的。正如中国人所说的"心静自然凉"，这种方法深受印度古人喜爱是不难理解的。

二、瑜伽的锻炼价值

练瑜伽有七大好处和十大医学功效。

（一）七大好处

（1）塑造女性完美体形。通过瑜伽的体位法和持之以恒的练习，可以让身体得到显著的变化：健美胸部；美化胸部曲线；使腰部柔软；美化臀部：避免臀肌松弛下垂，美化臀型，消除腹部脂肪，预防下半身肥胖；修长腿部，增加腿筋弹性，消除大腿、小腿脂肪。

（2）预防慢性病。别以为只有肌肉和骨骼会疲劳，人体的脏器也会产生疲倦之感，外在的身体疲倦可通过双手的按摩而得到舒缓，而借助瑜伽呼吸法配合各种体位法的姿势，按摩身体内部器官，不仅可促进血液循环，伸展僵硬的肌肉，使关节灵活，还可使腺体分泌平衡，强化神经系统，防止慢性疾病的产生。

（3）消除紧张和疲劳。站立或坐姿不正确，或是长期因工作或生活压力而处于精神紧绷状态的人，自然比一般人更容易感到疲劳或倦怠感，使呼吸不正常。瑜伽呼吸法通过有意识地调节呼吸，得以排除体内的废气、虚火，消除紧张和疲劳。

（4）保持青春。瑜伽的完全呼吸法，扭、挤、伸、拉的姿势，可畅通全身经络气血，活化脏腑机能，延迟细胞衰老，使面色红润。瑜伽也可调节心情，使人常处于平和、喜悦的状态，使人常葆青春。

（5）减肥。瑜伽的减肥功效是从根本上改造人的体质。肥胖的人，大都饮食过度，多进行练习可使食欲恢复正常。此外，造成肥胖的原因可能还有意志薄弱，通过瑜伽的修炼，让你在面对美食诱惑时，会有更强的控制力。

（6）训练注意力，提升智性。瑜伽通过疏通身体中堵塞的气流来调节紊乱的心绪，当心灵掀开烦躁、忧郁和压力而平静下来的时候，注意力会变得更集中，洞察力变得更深刻，人的智力也会得到提升。

（7）减轻心理压力。掌握情绪，强化自我精神，舒解忧愁和忧郁，抗压解疲劳，这是现代生活中每一个人不断告诫自己的话。真正活得自在、活得没有烦恼的人有几个呢？心灵是需要不断强化及净化的，就像人呼吸新鲜空气一样，学习瑜伽可从身体的调息直到心灵净化产生一连串的连锁反应。人的思想和情感是存在于身体里面的，借着锻炼和放松，专注于伸展及强化部位，当身心完全放松，专注于伸展肢体时，体内会产生让人心情愉快的内啡肽，从而安定心绪、释放负面情绪，并让人有正面的情绪，逐渐达到"身轻心静"及"身心合一"的境界。使用瑜伽的完全呼吸法可强化腹腔内脏，控制呼吸的快慢，调整自律神经，控制心跳率并缓和紧张情绪。

（二）十大医学功效

（1）保持和促进系统发挥正常的功能。

（2）加强内分泌系统的功能。

（3）按摩和强化各器官，使其机能平衡。

（4）促进血液循环、新陈代谢。

（5）瑜伽呼吸法调整心灵，延长生命力。

（6）调整脊椎，增强柔韧性。

（7）减肥和保养皮肤。

（8）提升心理、精神能量，使心灵和平、宁静。

（9）排除体内毒素。

（10）减缓和消除慢性疾病。

第二节　瑜伽练习的注意事项

一、注意事项

（1）空腹练习。瑜伽的练习需在进餐 3 小时以后进行。因为瑜伽练习时身体的血液集中在局部肌肉或器官上，以适应运动所需。如果进餐后不久就练习瑜伽，就减少了输送到消化系统的血液，影响对食物的消化。如果身体实在所需，可补充一些流质的饮品，如酸奶、蜂蜜、果汁、温水等。练习后 1 小时之内尽量不要进食。

（2）手术后半年和女性生理期不宜练高难度动作。

（3）高血压、哮喘病患者和孕妇只做简单动作。

（4）练习瑜伽应穿着宽松、轻便、舒适，以棉麻质地者为佳，必须保证透气和练习时肌体不受拘束。鞋子必须脱掉，袜子最好也脱掉（天冷时脚部需注意保暖），尽量少带饰物，诸如项链、耳环、发饰之类的，手表、眼镜、腰带以及其他饰物也都应取下。

（5）不宜在过硬的地板或太软的床上进行练习，练习时应在地上铺一条垫子。

（6）如果在保持某一姿势时，感到体力不支或发生痉挛，应立即收功，加以按摩。

（7）宜在安宁、通风良好的房间内练习。室内空气要新鲜，可以自由吸入氧气，也可以在室外练习，但环境要舒适，比如花园，不要在大风、寒冷或不洁的、有烟味的空气中练习。不要在靠近家具、火炉或妨碍练习的任何场所练习，以免发生意外，尤其在做倒立时，不要在电风扇下练习。

（8）做练习时，睁着眼闭着眼都可以，把注意力集中在体内所产生的感觉上。练习前必须通过热身运动使肌肉放松，在肌肉紧绷时练习容易受伤。在练习的过程中，除了有特殊要求用嘴呼吸外，其他时候均用鼻子呼吸；缓慢地完成动作，在安全的范围内伸展，允许身体有点疼痛，但不要超过极限。

（9）练习前应排空大小便，减轻负担。

（10）量力而行，不可逞强，动作缓慢，不可骤然用力，不要刻意追求"标准"。当你伸展到自己能承受的最大程度时，就是做正确了。暖身很重要，不要一开始就做高难度的动作，以免造成运动伤害。最好先做一些瑜伽暖身动作，可在开始锻炼之前，先步行 5 分钟，或者爬楼梯，让全身充分活动开。循序渐进，避免身体受到惊吓。练习时心情尽量放松，可容许身体有一点点酸痛，但不要过度用力或勉强做动作。

（11）沐浴。瑜伽练习后 30 分钟内不宜沐浴，刚练完瑜伽就洗澡，不仅会使练习效果大打折扣，还会对身体造成不必要的损伤。因为人在运动时，流向肌肉的血液增多，心率加快，当运动停止后，血液的流动和心率虽有所缓解，但仍会持续一段时间，如果这时立即去洗澡，则会增加血液向皮肤及肌肉内的流量，这样就使得所剩血液不足以供应其他重要器官，如心脏及大脑，而且忽冷忽热的刺激会伤害身体。一般提倡练习者，尤其是患有关节炎的人，最好在练功前洗个澡，然后休息 20 分钟到半个小时，这样可以增加人体洁净和轻松的感觉，提高身体的温度，减少肌肉紧张，帮助舒展身体并打开各个关节。清晨起床后就进行练习的人，练前则不必洗澡。

三、瑜伽练习者对饮食的要求

瑜伽练习者推荐的食物包括水果、蔬菜、全麦与坚果。下面介绍瑜伽练习者对饮食的要求。

（1）肉类。瑜伽练习者应减少食用肉类。并非所有有瑜伽练习者都是素食者，但是他们都建议小心食肉。瑜伽练习者表示，肉类由于来自动物身上，具有低度振动率，会降低食肉者的生命力量，可导致活力降低，影响瑜伽进度。肉类也含有毒素，尤其是来自肌肉新陈代谢所产生的乳酸。注意，这些是数千年前提出的。肉类今日情况更糟，因为人们会在动物死尸上注射许多有毒的化学品，以除去腐肉的臭味，改进其色泽与味道。但是如果你想吃肉，请节制数量。

（2）水果。瑜伽练习者最欣赏的食物就是水果。水果也富含营养，可以生食，未经处理，易于消化，而且能提供不含毒素的、快而持久的能量，是瑜伽修行者最爱的食物。

（3）蔬菜。瑜伽练习者认为诸如西洋生菜、花椰菜、西兰花等绿色植物在蔬菜中含有最高的生命力量。

（4）新鲜食物。瑜伽强调食物要尽可能新鲜。即我们应该多吃新鲜水果，少吃冷冻与罐装的食物。冷冻食物不太好，因为酵素仍被保存着，但是罐装食物已经加热过，破坏了许多维他命、矿物质与酶。

（5）生食。瑜伽练习者指出，我们应该多吃生的食物，例如水果、沙拉、生的坚果与豆芽。他们认为，烹调令食物失去大多数生命力量及其原味。由于失去原味，我们就会加上盐、香料与调味品，而这些添加物常常制造更多的问题。现代科学完全同意这个观点。

（6）食物温度。瑜伽也注意到食物温度。瑜伽修行者表示，食物不应该太烫或太冷。他们认为太烫或太冷的食物与饮料会伤害喉咙组织。现代科学也同意此点，并认为饮食太烫或太冷可能会刺激喉咙甚至引发癌症。

（7）酒精。瑜伽修行者滴酒不沾，因为他们认为酒会降低身体微妙的（死后仍然存在的灵体）振动。这样便违背了瑜伽的目的，因为瑜伽目的在于增加振动水平，以便慢慢开展高级自我。

瑜伽理论认为酒精对于以脑部为主的中央神经系统有负面影响。瑜伽修行者认为中央神经系统的统一性非常重要，因为瑜伽的目标之一就是改善这个系统的健康，而瑜伽进展的大部分要靠这个重要的连锁系统完成。

第三节　瑜伽的基本姿势与功法

一、瑜伽的呼吸、调息

（一）腹式呼吸法

（1）身体放松，仰卧。

（2）单手轻轻地放在肚脐上。

（3）吸气，将空气经肺部吸入小腹位置，吸到不能吸为止。此时会感到手被腹部微微地抬起。

（4）吐气，将腹部向内往脊椎收，借收缩腹部动作将空气呼出。

（二）胸式呼吸

（1）仰躺或是背挺直坐着。

（2）吸气，将空气吸入肺部的位置，胸部鼓起，吸气越深，腹部肌肉收紧往脊椎方向靠近。

（3）吐气，肋骨会渐渐向下并往内收，腹部肌肉放松。

（三）完全(瑜伽)呼吸

（1）先轻轻吸气，吸到腹部的位置，当这个区域已饱满时，接着开始充满胸部区域的下半部，渐渐地再充满至胸部区域的上半部，尽量将胸部吸满，扩张至最大程度。

（2）吐气，先放松胸部，再放松腹部。

（3）用收缩腹部肌肉的方式结束呼气。这是为了确保已将肺部的空气完全排出。

（4）重复以上动作，循环往复。

二、瑜伽的姿势

（一）向太阳致敬式(图 3 - 1)

（1）挺身站立，但要放松，两脚靠拢，两掌在胸前合十，正常呼吸(图 3 - 1 之 1)。

（2）把双臂高举头上(举臂时，两手食指相触，掌心向前)，缓慢而深长地吸气，上身自腰部起向后方弯下。同时，两腿、两臂都伸直；上身向后弯以帮助增加脊柱的弯度(图 3 - 1 之 2)。

（3）边呼气，边慢慢向前弯身，用双掌或两手手指触及地板(不要弯曲双膝)，以不感到太费力为限，尽量使头部靠近双膝(图 3 - 1 之 3)。

（4）边保持两掌和右脚在地板上稳定不动，慢慢吸气，同时把左脚向后伸展，慢慢把头向前上方看，胸部向前上方展开，背部放松伸直(图 3 - 1 之 4)。

（5）一边慢慢呼气，一边把右脚向后移，使两脚靠拢，脚尖着地，臀部放平，两臂伸直，两手掌撑地，尽量让整个身体处于一条直线(图 3 - 1 之 5)。

（6）一边吸气，一边让臀部微微向前方移动，直到两臂垂直于地面为止。然后蓄气不呼，弯曲两肘，膝盖着地，把胸腔朝着地板方向放低，保持胸部略高于地面，一边慢慢呼气，一边把胸部向前移(图 3 - 1 之 6)。

（7）直到腹部、两条大腿接触地面。吸气，同时慢慢伸直两臂，背部应放松伸直(图 3 - 1 之 7)。

（8）一边慢慢呼气，一边屈肘把上半身放低，然后把手臂伸直，手掌撑地。臀部向上方抬起，两脚脚跟尽量压向地面，两臂和两腿伸直，身体应该像一座桥(图 3 - 1 之 8)。

（9）边吸气，边弯曲左腿并向前迈一大步，左脚脚趾与两手指尖平行。慢慢把头向前上方看，胸部向前上方展开，背部放松伸直(图 3 - 1 之 9)。

（10）一边保持两掌放在地板上，一边慢慢呼气，把右脚收回与左脚并拢，伸直双腿，尽使头部靠近双膝(图 3 - 1 之 10)。

（11）吸气，两臂伸直慢慢抬高，同时慢慢抬起身体，两臂和背部向后弯(图 3 - 1 之 11)。

（12）一边呼气，一边将手臂收回，两手在胸前合十，恢复到开始的姿势(图 3 - 1 之 12)。

益处：向太阳致敬式集中了瑜伽体式调息法的动作长处和练习姿势。这个练习作为一个

图 3-1　向太阳致敬式

整体对身体各个不同系统产生良好影响,如消化系统、肌肉系统等。向太阳致敬式不仅对以上每一个系统有益,而且有助于各个系统之间达到和谐状态。有规律地练习向太阳致敬式可以长久保持身体的灵活性,并且能提高机体各个器官的功能。它对于支气管哮喘、糖尿病、早期关节炎、月经紊乱和便秘的治疗都有益处。此外,长期练习向太阳致敬式还可以延年益寿。

(二) 树式(图 3-2)

(1) 山式开始,弯曲右膝,将所有重量转移到左腿。右膝转向右方,脚跟靠左腿(图3-2之1)。

(2) 低头盯着地面上的一点,慢慢地将右脚滑上左腿,放在能保持平衡的高度。平衡时,慢慢地将双手合十,放在心脏前方。保持低头盯着地面上的点,保持左腿朝地面强压脚,保持右膝盖朝侧墙弯曲成 90 度。肩膀向下、向后,胸部朝前挤压(图 3-2 之 2)。

(3) 平衡、吸气、双臂过头。双臂成 H 形,或者双掌相合,拇指交叉或十指交叉,食指向上。呼吸,保持 4~8 次(图 3-2 之 3)。

（4）慢慢呼气，双臂下垂，然后松开双腿回到山式(图3-2之1)。

（5）另一侧重复。

1　　　　　　　2　　　　　　　3

图3-2　树式

益处：树式可以活动身体各部位关节，从而使人体关节日渐强化。对于一般练习者来说，这是一个易于练习的姿势，它能够锻炼脚踝、脚趾、膝盖、髋关节、肩关节、肘臂、双手和手指的肌肉，扩大胸围。

（三）腰部旋转式(图3-3)

（1）站立，分开双脚略宽于肩，十指于体前相交，掌心向下。吸气，两臂经体前举过头顶，挺直脊背(图3-3之1)。

（2）呼气，自腰部向前弯曲，背部与地面平行，与腿部成90°直角，眼睛盯着手臂(图3-3之2)。

（3）先吸气，呼气时向左转动上身，做到最大限度(图3-3之3)。

（4）呼气，身体回到正中(图3-3之2)。

（5）吸气，呼气时向右侧转动上身，做到最大限度(图3-3之3)。

（6）呼气，身体回到正中(图3-3)。

（7）吸气，身体回到正中，呼气放松成山式(图3-3之1)。

1　　　　　　　2　　　　　　　3

图3-3　腰部旋转式

益处：腰部旋转式能消除腰两侧及腹部多余脂肪，按摩腹部内脏器官，促进消化功能，消除腹中胀气，伸展两腿肌肉。

（四）鸵鸟式（图3-4）

（1）山式站立，双脚分开与肩宽，身体稳稳地站在垫子上，吸气，手往上举，指尖向上，背部和大腿保持一个挺直拉伸的状态，重心放在双脚掌上（图3-4之1）。

（2）呼气，弯腰下地，手掌贴着地面，头部、肩颈和脊椎放松，手掌要紧贴在地面上，大腿保持拉紧的状态（图3-4之2）。

（3）手脚以及头部放松，然后用手勾住自己的脚趾，保持腿部伸直感觉臀部正向上顶出。保持正常的呼吸三至五个频率（图3-4之2）。

（4）吸气，身体保持不动，慢慢向上抬头，呼气的时候头尽量往后仰，注意手臂要伸直，手指勾住脚趾不要松开（图3-4之2）。

（5）头部保持呼吸慢慢地弯下去，手臂弯曲放松，然后放松肩颈、背部以及腿部（图3-4之2）。

（6）吸气再抬头，然后手臂伸直。

（7）手臂平举，慢慢向上恢复直立，然后就地放松（图3-4之3）。

1　　　　　　2　　　　　　3

图3-4　鸵鸟式

益处：鸵鸟式这个动作能够很好地强化大腿内侧的韧性，伸长的脖颈则有助于消除颈部的细纹，能够美化和拉长颈部。在做这个动作的时候肝脏和脾脏都能够受益，腹部器官也能够得到补养和增强，对缓解胃胀气和肠胃不适效果比较好。手指和脚趾在动作进行的过程中形成一个气理循环，在呼吸的过程中对心脏的健康很有帮助，同时也能改善颈椎的不适。做这个动作时感受腰、背部的伸展和延长，以及对脊柱的放松。

（五）战士二式（图3-5）

（1）将双腿打开两倍左右的肩宽，也可以按照你自己的宽度来定（图3-5之1）。

（2）吸气，将双臂两侧打开侧平举，（这里以右侧说明）同时将右脚转动90°。吐气，将右侧膝盖弯曲到90°的位置。保持10个呼吸（图3-5之2）。

（3）吸气，将身体直立。

（5）吐气放松双臂，收回双腿。准备另外一侧。

注意：膝盖在90°的弯曲角度最为稳定，如果膝盖有问题，膝盖可以不弯曲到90°，不管怎样，不要超过 90°，膝盖不要超过脚趾前方。膝盖保持左右不晃动，以免损伤膝盖。

图 3-5　战士二式

益处：这是一个没有难度的练习，它可以强壮大腿前侧股四头肌的力量，增强腿部和背部的肌肉弹性。

（六）三角平衡式（图 3-6）

（1）按基本三角式站立（图 3-6 之 1）。

（2）吸气，打开双臂成侧平举，依次将左脚向左转 90°，右脚自然内扣（图 3-6 之 2）。呼气，将左髋部向左方挺出，同时上体向右倾斜，伸直的两手臂与地面成 90°，右手指尽量触到右脚尖，左手指向天空，上身躯干转向左，眼望左指尖。保持此姿势约 30 秒（图 3-6 之 3）。

（3）吸气，身体缓缓恢复到中间位置。呼气放松，双脚内外小 8 字收回，调息放松，准备反方向（图 3-6 之 2）。

图 3-6　三角平衡式

益处：三角平衡式能减少腰两侧的多余脂肪，伸展背部、颈部、手臂的肌肉，以及两腿韧带，也能促进血液循环，还可使脊柱保持柔韧和强壮，从而改善身体的姿态。

（七）蝴蝶式（图 3-7）

（1）双脚掌相对合拢，将脚后跟收回至大腿根部，同时上体前倾，肘关节外开（图 3-7

之1)。

(2) 把手放在膝盖上，然后给一定的辅助力量，把膝盖向下压(图 3-7 之 2)。

(3) 吸气，吐气同时上身向下俯，尽可能用额头去接触脚的大拇指或者地面，放松背部和肩膀，保持 3～4 个呼吸(图 3-7 之 3)。

(4) 吸气缓慢抬头，呼吸放松(图 3-7 之 1)。

1　　　　　　　　　　2　　　　　　　　　　3

图 3-7　蝴蝶式

益处：这个姿势能够打开骨盆，增强髋关节的柔韧性；减轻腿部、膝盖和脚趾的压力，消除腿部肿胀；防止因久坐引起的坐骨神经痛等疾病的产生。

(八) 船式(图 3-8)

(1) 仰卧垫上，身体放松成一条直线，两腿伸直，脚跟并拢，两臂平放于身体两侧，掌心向上(图 3-8 之 1)。

(2) 吸气，抬起上身，两臂朝前平举，指尖指向脚的方向，同时将两腿抬离地面。眼睛尽量往前看或看着脚尖，体会腹部绷紧的感觉。头部和脚跟离地面大约 30 厘米左右。屏气，保持此姿势，停留 6～12 秒(图 3-8 之 2)。

(3) 呼气，全身放松仰卧，深呼吸 3 次(图 3-8 之 1)。

(4) 吸气，然后把头、腰、背、两臂抬离地面，只保留臀部支撑全身重量。头部尽量与地面垂直，眼睛保持平视。头部和脚跟离地面 30 厘米以上，两臂向前伸直，双手握拳并拢，拳心向下，屏息 6～12 秒(图 3-8 之 2)。

(5) 呼气，恢复平躺姿势，全身放松休息并做 3～6 次呼吸，然后重复练习 3～6 次。

1　　　　　　　　　　　　　　　2

图 3-8　船式

益处：船式对松弛紧张神经、警醒头脑特别有益；强健腰背部肌肉，减少女性生产时的痛苦；促进肠道蠕动，改善消化功能，有助于消灭肠胃中的寄生虫；强健肌肉，放松关节；分解腰部、腹部脂肪。

（九）鸽子式（图 3 - 9）

（1）坐在垫子上，右脚向内弯曲，左脚向外弯曲。双手调整右脚，贴在左腿大腿根部。用左手抬起左脚，注意左右脚必须在同一平面上，否则动作会不完美（图 3 - 9 之 1）。

（2）把左脚搭在左手手肘弯曲处，左手掌与右手掌相合呈十字状（图 3 - 9 之 2）。

（3）双手交握，右手手肘提高穿过头顶，保持身体的挺拔。右手尽量往上抬并且往后伸去，头部随着身体转动到自然位置，抬头注视前方。保持 3～5 个呼吸，停留时间可因人而异，如果体力好，可多停留几秒（图 3 - 9 之 2）。

（4）呼气，右手穿过头顶，缓慢放下。左手也松开左腿，轻轻地把左腿回落在地上。

（5）半莲花座姿势坐在垫子上，调整呼吸并放松背部和腿部肌肉。准备反方向。

图 3 - 9　鸽子式

益处：鸽子式瑜伽动作能修正腰椎的扭曲，使荷尔蒙恢复正常。治疗痛经、月经不调，消除腹部、腰部和臀部的脂肪，有束臀的功效。还能促进颈部的血液循环，消除肩痛和偏头痛。强化大腿及小腿肌肉，让肌肉结实有弹性，使腰身更柔软、纤细，除此之外，也可以消除手臂上多余的赘肉。

（十）弓式（图 3 - 10）

（1）整个身体俯卧在地板上（图 3 - 10 之 1）。

（2）屈膝，脚掌向上收起，双手向后握住双脚，左手勾左脚掌，右手勾右脚掌（图 3 - 10 之 2）

（3）先吸气准备，吐气时，肩膀、胸部及双腿同时上抬，使身体向上拱起，停顿 10～16 秒。双腿向内夹紧，挺胸，手尽量伸直，头尽可能抬高，感觉自己像个弓箭，脚也要抬高，让身体呈"U"字形（图 3 - 10 之 3）。

（4）呼吸，缓缓将身体放松，俯卧并调整呼吸放松（图 3 - 10 之 1）。

图 3 - 10　弓式

益处：弓式瑜伽动作具有整脊效果；改善呼吸病症；帮助消化，促进肠胃蠕动；锻炼背肌，增加柔软度；消除腹部脂肪，美化背部及腰部曲线，达到瘦身功效。

(十一) 猫伸展式(图 3 - 11)

(1) 跪在地上，两膝打开与臀部同一宽度，小腿及脚背紧贴在地上，脚板朝天。俯前，挺直腰背，注意大腿与小腿及躯干成直角，令躯干与地面平行。双手手掌按在地上，置在肩膀下面正中位置，手臂应垂直，与地面成直角，同时与肩膀同宽，指尖指向前方。

(2) 吸气，同时慢慢地将盆骨翘高，腰向下微曲，形成一条弧线。眼望前方，垂下肩膀，保持颈椎与脊椎连成一直线，不要过分把头抬高(图 3 - 11 之 1)。

(3) 呼气，同时慢慢地把背部向上拱起，带动脸向下方，视线望向大腿位置，直至感到背部有伸展的感觉。配合呼吸，重复以上动作 6~10 次。动作变化着完成步骤(3)后，再一次挺直腰背，同时抬起你的右脚向后蹬直至与背部成水平位置，脚掌蹬直，左手向前方伸展。抬起头，眼望前方，伸展背部。伸直的手和脚与地面保持平行(图 3 - 11 之 2)。

图 3 - 11　猫伸展式

益处：猫伸展式的瑜伽动作能充分伸展背部和肩膀，改善血液循环，消除酸痛和疲劳。脊椎骨得到适当的伸展，增加灵活性。

(十二) 梨式(图 3 - 12)

(1) 双腿屈膝，上半身躺卧在毯子上，头摆正，双手放在身体两旁(图 3 - 12 之 1)。

(2) 吸气，双腿及臀部用力往上蹬起，双脚保持弯曲，膝盖放在额头上，双手移到背部。

(3) 用手肘及肩膀的力量撑地，调整手部、肩膀与背部位置，尽量让下巴靠近锁骨，稳住之后慢慢将双脚伸直，脚尖着地，双手臂伸直相互握住。眼睛向上看，保持呼吸停留 30~60 秒(图 3 - 12 之 2)。

图 3 - 12　梨式

益处：梨式瑜伽动作能缓解背痛，改善甲状腺和甲状旁腺的功能；伸展肩膀，拉伸脊柱，预防和改善失眠等。

(十三) 仰尸式(图 3 - 13)

(1) 坐在垫子中央，双膝弯曲，双脚放在垫子上。在身后放块叠好的毛毯。

(2) 身体后躺，用双肘支撑，调整身体姿势，然后慢慢躺到垫子上。头枕在毛毯上。

(3) 双腿依次伸直，保持腿脚并拢。放松双腿，让双脚自然分开并外转。

(4) 双臂朝两侧伸开，与身体保持一定距离。翻转手掌，使指关节轻柔触地。闭上双眼

（图 3-13）。放松面部肌肉，感觉身体仿佛沉入地面。均匀呼吸，将注意力集中到呼吸上，保持头脑镇静沉寂，但不要睡着。保持 5～10 min，然后慢慢睁开眼睛。弯曲双膝，向侧翻转，慢慢起身。

图 3-13 仰尸式

益处：仰尸式瑜伽动作通过有意识地放松身体来实现有意识的放松思想。随着压力从身体各部分释放出来，身体和思想也从滞留的能量、压力和毒素中释放出来。经过净化的身体毫无牵绊地在纯净、开放的空间中得到休息，并重新恢复身体的活力。

第四章　肚　皮　舞

第一节　肚皮舞的基础知识及锻炼价值

一、肚皮舞的基础知识

（一）肚皮舞的含义

肚皮舞是一种舞蹈形式，起源于中东地区，并在中东和巴基斯坦、印度、伊朗等其他受阿拉伯文化影响的地区取得长足发展，19世纪末传入欧美地区，至今已遍布世界各地，成为一种较为知名的国际性舞蹈。肚皮舞是较为女性化的舞蹈，其特色是舞者随着变化万千的快速节奏摆动臀部和腹部，舞姿优美，变化多端，而且多彰显阿拉伯风情，以神秘著称。近些年，肚皮舞也作为一种深受女士喜爱的减肥方式在世界各地广为流行。

（二）肚皮舞的起源、发展和分类

1.肚皮舞的起源及发展

肚皮舞的发源地是古埃及，并且是皇室的舞蹈。现在的肚皮舞其实是由埃及、黎巴嫩、印度和希腊舞蹈的各种形式融汇而成的，是充满女性味道的舞蹈，在跳舞的过程中，你可以任意表现自己，当然也很性感。在中东，人们都称它为东方舞，并认为肥胖的姑娘才美，摇摆舞和肚皮舞只有肥胖的女性才能表演。至于肚皮舞是何时开始的历史，早在3500年前埃及的古壁画就有类似今天看到的肚皮舞，但不同的地区、国家有不同的传说和故事。

传说是怀孕待产的母亲为了能顺利分娩，接受姐姐的建议，学蛇之曲线摆动，摇摆自己的身体，重点集中在腹部，快速摆荡整个身子，呈波浪起伏状，加上节拍音乐的加入，显得轻松自然，果真顺利产子。于是这种像蛇一样舞动的方式流传下来，这种舞蹈也随之流行起来。

肚皮舞在演绎的过程中，分为两种形式，一种是民族舞，一种是表演舞。民族舞讲求形式、习俗、传统和舞姿。表演舞则是个人的发挥和创意，适合在舞厅或者酒廊表演，无拘无束、自由潇洒。在土耳其，这种舞蹈早已演化成为纯粹的表演舞蹈。借肚皮舞塑造腰腹的柔韧和纤细是近几年从好莱坞的一些影星为塑造自己平坦腹部的一项主要运动，从而开始在欧美和中亚、南亚地区流行并愈演愈热，如今神秘的阿拉伯舞已悄然来到了中国。

肚皮舞要求完全运用浑身上下的关节，但是最难的是把肚皮的动作发挥得淋漓尽致。舞蹈者利用肚皮摆动臀部、腹部、胸部，并且装扮得性感迷人。但是，肚皮舞其实是一种具有文化特色的舞蹈，好似唐朝的宫廷舞蹈一样，曾经也是备受青睐的皇家舞蹈。肚皮舞没有芭蕾那样高不可攀，也没有迪斯科那样疯狂放肆。但是，肚皮舞在世界各地越来越流行，也许是因为它的简单随意，也许是因为它的轻松惬意。臀部宽大而肥满，在舞蹈的激烈摇晃中会着意突出三角部位和肚脐，实际上要突出的就是女性的第二性征。在这个舞蹈中，

腹部等部位的动作远远多于四肢的动作，这种独特的舞姿来源于女性分娩时的痛苦和对孕育新生命的喜悦，另外为了表示对地母神的敬意，这些少女必须光着脚跳舞，到了后来这种专门为神灵而跳的舞蹈被命名为肚皮舞。

2. 肚皮舞的分类

1）现代埃及表演流派

总的来说，埃及的肚皮舞是内敛、优雅的，而且经常包含一些芭蕾的动作。它很强调对肌肉的控制，动作幅度比较小。准确地扭动肋骨以下的腹部和臀部。"极少便是极好"是他们的舞蹈理念。埃及肚皮舞大多采用埃及和阿拉伯地区的古典音乐。

2）土耳其表演流派

土耳其也是肚皮舞的发源地之一。但它与现代埃及表演流派的风格截然不同，"怎么样都好"更符合他们的舞蹈理念，大幅度的动作，有很多骨盆前后摆动的动作，华丽奔放，跳跃的动作也比较常见。土耳其舞者通常穿着比较暴露，不过这并不是这种风格的要求。

3）黎巴嫩表演流派

黎巴嫩的肚皮舞是介于现代埃及和土耳其风格之间的一种肚皮舞流派。

4）美洲式

美国肚皮舞分美国传统式和美洲 cabarat 式。美国传统式肚皮舞与埃及肚皮舞区别不大，而美洲 cabarat 式肚皮舞以埃及肚皮舞为基础，更多地采用纱巾等辅助工具，让舞姿显得更加炫目，并且由于受到芭蕾舞爵士和西班牙舞蹈的影响，与传统的肚皮舞相比，美国的肚皮舞者似乎更愿意加入一些新鲜的内容。

5）其他流派

除了上述的流派，在民间还有许多不同风格的肚皮舞。

（1）Beledi，它是一种埃及的乡村舞蹈，同时也是一种音乐的名字。当它被搬上舞台之后就有了新的名字"Urban Beledi"。这种民间肚皮舞最吸引人眼球的是它华美异常的装束。通常它的装束是一件合身的有腰带的长袖衣服，衣服的一边或者两边有开口，叫做 Beledi 长裙。三角形的头巾也是常见的配饰。

（2）Khaleeji，它是流行于波斯、美国墨西哥湾和沙特阿拉伯的肚皮舞。舞者穿着色彩丰富、有华丽刺绣花纹的长裙，叫做 thobe nashal，佩戴有特色的头饰，以肩部的动作为主。

（3）Kay Hardy Campbell 是 Khaleeji 舞蹈的权威。Khaleeji 是场华美的视觉盛宴，长裙上细腻华丽的绣花，是整个舞蹈之美不可或缺的一部分。

（4）Persian，这种肚皮舞和其他中东国家的肚皮舞不一样的地方在于它很少有腹部的动作，更多的是优美的手臂动作和肩部的摇摆及旋转。

（5）Persian 让我们看到了另外一种肚皮舞，它通过繁复的手臂及肩部动作，一样能达到完美的动人效果。

（6）Robyn Friend 是经典 Persian 的代表。不管源自何种传说，经历哪些国家、哪种文化，以及多长时间的演变，肚皮舞还是肚皮舞。不可否认，不同地区有不同的风格，各地区的肚皮舞均具有独到的、傲人的特色。通过舞蹈老师们默默奉献耕耘，肚皮舞已成为中东地区可贵的文化资产。

二、肚皮舞的锻炼价值

肚皮舞是一种全身的运动,可以让你的腿部、腹部、肩膀以及颈部都得到充分的活动,从而提高身体的弹性和柔韧性。手臂的动作非常重要,它能表达出舞者的优雅和精巧。它不仅仅是一种运动,也为心灵与身体建立了一种精神纽带。你可以像蝴蝶、海浪、流水一样欢快与自由。当你翩翩起舞时,你体内的女神让你变得更优雅、更有力量、更加性感。它是女士探索自身的舞蹈,是对身体和内心世界的探险。

(1)在练习肚皮舞的过程中,强调的是自我欣赏,自我发现。无论您高矮胖瘦,都能够在肚皮舞的练习中发现自己无与伦比的女性魅力,提升您的自信与气质,轻松面对您的工作与生活。

(2)动作完全为女性设计。练习肚皮舞最大的好处就是,动作完全为女性设计,最能锻炼腰腹、胸部、臀部和手臂,而这些都是融于舞蹈之中,让您在趣味娱乐中使自己的身材凹凸有致。

(3)对身体的调节。由于肚皮舞是以腰腹部的运动为主,所以对身体的内脏与器官的新陈代谢和系统循环都有帮助。经常练习肚皮舞能够疏经活血、按摩子宫和肠道。对女性痛经、内分泌失调都有明显的作用。最新的研究表明,肚皮舞的动作设计使它成为一个很好的对心血管功能有益的运动,能有效延缓衰老。

第二节　肚皮舞练习的注意事项

肚皮舞练习的注意事项包括以下几点:

(1)服装要求,跳肚皮舞要求练习者穿着宽松舒适的低腰裤和露脐上衣,或者肚皮舞专业服装,练习的时候要裸足,最好把腰腹部露出来,方便看哪个动作姿势不正确。

(2)与其他运动一样,课程前后必须跟随教练认真进行舒缓练习,防止肌肉拉伤。在运动之前和运动之后的1小时左右不要进食太饱,可以吃少量的东西,以不至于空腹产生头昏等情况为宜。练习结束后30分钟内不宜大量饮水,30分钟内不宜洗澡,因为运动后皮肤大量出汗,毛孔扩张,冷热刺激对身体有害无益。

(3)练习者还需要佩戴一条腰带,腰带是肚皮舞最主要的一个特色。腰带还可以使初学者增加对肚皮舞的触觉,练习起来更加有感觉。

(4)肚皮舞有很多动作膝盖需要歪曲,切忌不能超过脚尖,以免伤害脚腕。

(5)练习肚皮舞动作时要注意动作的循序渐进,不能用蛮力,否则容易损伤到脊椎,尤其是45岁以上的女性。

(6)肚皮舞和其他舞蹈最大的区别是突出肌肉隔离,即身体动一个部位时其他部位不动,要处于放松状态。

(7)肚皮舞作为一种舞蹈形式,在跳的时候应尽量抛开含羞、扭捏的心态,即使节奏感不强或是肚子上挂着"游泳圈"也不要觉得不好意思。否则,因为放不开会导致身体僵硬,不仅起不到健身效果,还会打击自信心。

第三节　肚皮舞的姿态和基本动作

一、肚皮舞的姿态

骨盆下腹微收，使骨盆位置中正，尾椎和地面垂直。双膝微屈，膝盖方向与脚尖方向一致，指向正前方。双脚分开一拳半宽，脚趾指向正前方，脚掌平踩，双脚向下紧贴住地面。重心平均分布在两脚间。很多人跳舞时动作不好看，往往不是由于柔韧性、力量、分离技巧等问题，而是由于基本姿势不对，导致出现重心不平稳、体态歪斜等毛病。所以，如果你希望跳好肚皮舞，从现在起就要努力养成良好的基本站姿。

二、肚皮舞的基本动作

肚皮舞的技术动作有很多，身体的一举手、一投足都可以成为一种舞蹈信息的传达。肚皮舞基本动作按照动作路线分类可以分为圆形、8字形、直线形和西米四大类，每一类动作运用到身体不同的部位，在不同的方向上做，则形成了肚皮舞中纷繁复杂的基本动作。

（一）圆形动作

（1）绕肩——发力点：肩关节，运功轨迹：前、上、后、下四个方向。肩膀带动手臂由前向上、向后、向下绕环；反方向动作同前面，方向相反。

（2）水平圆胸——发力点：胸，运功轨迹：前、左、后、右（逆时针）四个方向。屈膝，下半身保持不动，头保持不动，用胸来画平行于地面的椭圆形。反方向动作同前面，方向相反（顺时针），如图4-1所示。

前　　　　　左　　　　　后　　　　　右

图4-1　水平圆胸

（3）上圆胸——发力点：胸，运功轨迹：前、上、后、下四个方向。屈膝，下半身保持不动，头保持不动，用胸来画垂直于地面的椭圆形，如图4-2所示。

（4）下圆胸——动作要领同第（3）点，方向相反，如图4-3所示。

（5）水平圆胯——发力点：髋部，运动轨迹：前、左、后、右（逆时针）四个方向。屈膝，

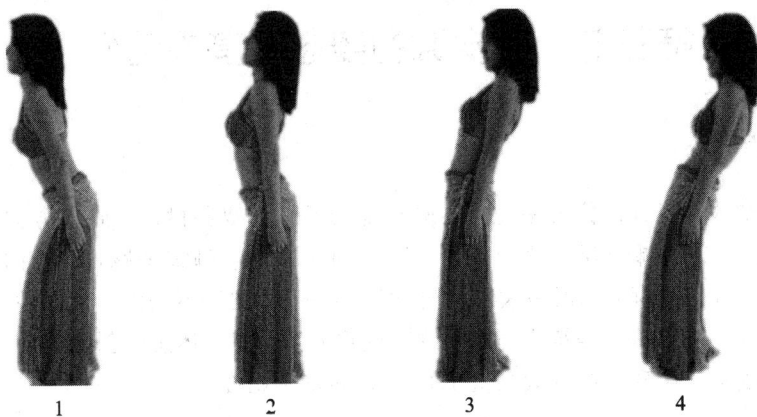

图 4-2　上圆胸

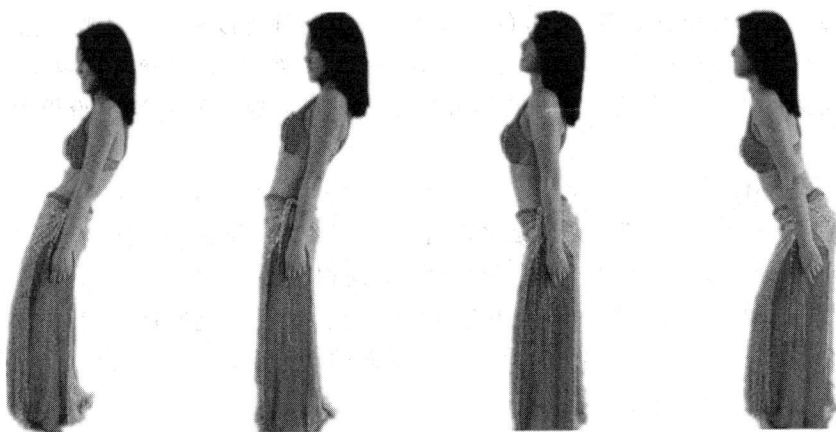

图 4-3　下圆胸

下半身保持不动,头保持不动,用髋部来画平行于地面的椭圆形。反方向动作同前面,方向相反(顺时针),如图 4-4 所示。

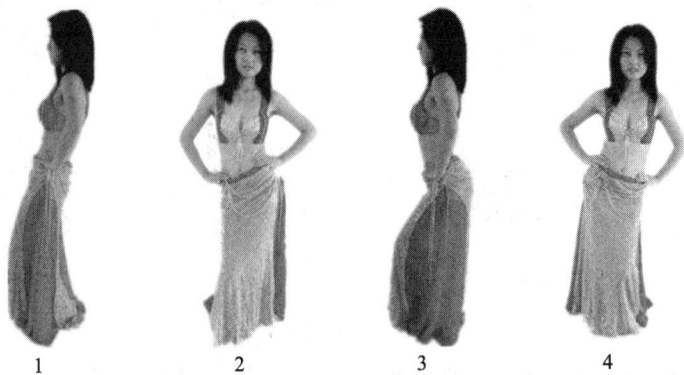

图 4-4　水平圆胯

(6)上圆胯——发力点:髋部,运动轨迹:前、上、后、下四个方向。屈膝,下半身保持不动,头保持不动,用髋部来画垂直于地面的椭圆形。

（7）下圆胯——发力点：髋部，运动轨迹：后、上、前、下四个方向。屈膝，下半身保持不动，头保持不动，用髋部来画垂直于地面的椭圆形。

（二）8字形动作

（1）上下8字胯——发力点：髋部。

① 自然直立，双手朝两侧展开，挺胸，沉肩，收腹。

② 以人体竖直中线为轴心，将胯部向左侧推出。

③ 左胯发力，向左上画半圆。

④ 右胯发力，右胯角向右斜下方45°角推出。

⑤ 接着右胯发力顺势向右上画半圆，胯部就完成了一个垂直于水平面的一个"8"字。接下来，就是由慢而快，让这几个步骤顺次紧密以"8"相连字循环往复地进行。

另外还要注意以下几个要点：

① 做胯部动作时两脚可以并拢也可以分开同肩宽，不要超过一肩的宽度；

② 胯骨每个方向用力和幅度都要均匀，8字头尾要对称；

③ 胯部每个方向的推摆都尽量到极限，让你的"8"字划得更加圆润一些；

④ 做胯部动作时注意臀部和腰部都要向上收紧，不要过分向后塌腰，做胯部动作的时候注意要保持半身的姿态。

（2）前后8字胯——发力点：髋部。

① 自然直立，双手朝两侧展开，挺胸，沉肩，收腹。

② 以人体竖直中线为轴心，将胯部向左斜前侧45°角扭摆

③ 右胯发力，右胯角向右斜前45°角推出。

④ 右胯发力，右胯角向右斜后方45°角摆动。

⑤ 左胯发力，左胯角顺势向左斜前方45°角推动。

⑥ 左胯发力，左胯角向左斜后方45°角摆动。当胯部回到原点，胯骨就完成了在水平面上由前向后一个"8"字，如图4-5所示。接下来，就是由慢而快，让这几个步骤顺次紧密相"8"连字循环往复地进行。

1　　　　　　2　　　　　　3　　　　　　4

图4-5　前后8字胯

另外还要注意以下几个要点：

① 做胯部动作时两脚不要分得太开，自然打开即可，不要超过一肩的宽度；

② 胯骨每个方向用力和幅度都要均匀，8字头尾要对称；

③ 胯部每个方向的摆动都尽量到极限，让你的"8"字划得更加圆润一些；

④ 做胯部动作时注意臀部和腹部都要向中间收紧，不要过分向后塌腰，做胯部动作的时候注意要保持半身的姿态。

（3）身体波浪（正、反）

① 身体挺拔，双臂打开放身体两侧，注意力集中在上半身，吸气，将胸部水平向前推出，胸部及以上位置离开身体中轴线靠前，充分舒展肩部、颈部的线条，后背肩胛骨彼此靠近。这时再发力并产生最初的"波"。

② 将胸部向上提并向后移动到回归身体中轴线，即挺胸站直了，感觉胸部画了一个90°的圆弧，始终保持挺胸的状态，继续酝酿这个"波"。

③ 将胸部及以上向后仰，保持挺胸、背部挺拔。

④ 呼一口气并含胸，将胸部由"挺"的状态变化为"含"的状态，"含"取包含之意，想象一下把胸部包含于两个肩头之中，后背略鼓，到这一步时，之前说的那个"波"开始往下传递，我们的胃部、腹部分别开始接这个波，反映到身体就是依次向前推出再收回。最后把胸部从含的状态，水平向前推出，似有一根绳子拽着你的胸前骨把胸部拉出到第一步的位置。做正骆驼时，注意上身挺拔，不要出现太大的后背罗锅的形态，否则影响舞姿的美感。这种波浪还可以做成全身性的波浪，从锁骨一直到脚尖，依次地推出和收回，秘诀就是"波"的完美传递，流畅的不结节的传递。反方向动作相同，方向相反。

（4）大波浪手臂。

① 上身直立，双肩平正，双手在旁斜下45°向两侧伸展，手肘放松。

② 其余部位保持不动，右肩向上提起。

③ 在右肩提起的基础上，右肘向上抬起。肘外侧朝上，内侧朝下，腋下呈抱球状。

④ 在右边肩膀、手肘上提的情况下，右手腕向上提起至与头顶平齐处，掌心向下。

⑤ 右肩下落，同时左边肩膀提起，注意肩膀为主动，其余部位随动，仅仅是力量在两个肩膀之间的交替。

⑥ 在左肩保持提起的状态下，左手肘上提，右手肘下沉。注意提手肘时，肘外侧朝上，沉肘时肘内侧朝上。

⑦ 在左肩、左肘上提的状态下，左腕向上提起，掌心朝下，同时右手腕下沉，掌心朝下。

至此，一个大波浪就完成了，实际上大波浪手臂就是以肩为主动，力量在肩膀、手肘、手腕之间的波浪式的依次转移。

在⑦完成后，左肩下沉，同时右肩上提，即返回到②，循环练习大波浪手臂，形成连绵不断的波浪滚动效果。

要注意的是大波浪手臂的幅度在头顶和胯骨之间，不要太高也不要太低，要与蛇臂区分开来。另外，我们以前讲的单侧蛇臂，也可以依照大波浪手臂肩膀力量转移的方式，把两侧手臂完美连接起来，形成双侧的蛇臂。

（5）蛇手臂（见图4-6）。

① 将意识给到我们的肩头，将我们单侧肩头垂直向上提起，靠近耳朵（但不能太刻意）。

② 在肩头定住的基础上，大手臂发力带动手肘向上提起，让腋窝下呈夹圆球状。

③ 前述基础上提腕。

1   2

图 4 - 6　蛇手臂

④ 控制的三点同时向上提，注意指尖不能超过头。

⑤ 在手肘和手腕保持上提的状态下，落肩头。

⑥ 手腕随肩膀向下回落，提起的手腕留住，感觉像旁边有一堵墙，手掌扶墙而下的感觉。

⑦ 最后把手腕落下还原体侧。

注意事项：

① 无论是上提还是下落，永远都是肩头发力，力量由肩头慢慢贯穿传递到指尖。

② 手臂提起伸出去时掌心是朝内的，落下来时掌心是3、7点方向。

③ 手臂提起出去时是往外往上的，想腋下夹了个大球，手臂落下来时是往下往外的，手臂有控制地将球推开。

④ 当手臂三点同时向上提时要注意：高不过头，低不过横膈膜（腰线）。

⑤ 肩肘腕三个点的连接一定要连贯、圆润、有延伸感，不能机械和停顿的，这样才能使手臂更加纤美。

（三）直线形动作

（1）上抬胸——发力点：胸。双手打开，胸部爆发力向上抬，胸腔放松（胸可以微微向下含，然后向上抬）。

（2）下放胸——发力点：胸。双手打开，胸部爆发力向下落，胸腔放松（胸可以微微向上抬，然后向下落）。

（3）平推胸——发力点：胸，运动轨迹：胸左、右和前、后直线移动。左右平移用胸的两侧去感应侧面，前后平移用上胸和下胸部去感觉动作。要求身定位，头定位，如图4-7所示。

1   2

图 4 - 7　平推胸

（4）平推胯（见图 4 - 8）。

① 下腹肌用力将胯部平行推到右边极限，臀尖下压，感受右侧腰的拉伸，此时侧腹相对放松定在右。

② 收下腹将胯部平行回到原来位置，再次将胯平行推到左边极限，侧腹是相对放松的。

③ 记得要臀尖下压，以免偏胯或翘胯，收下腹将胯回正。

图 4 - 8　平推胯

（5）提胯——双腿微蹲，利用腹肌前收胯关节，腰胯两侧分别向上提。髋关节在收缩前保持放松，处于中立位，腹横肌向前，不能向后。膝盖和腿只要放松就可以了，就是只有胯部上提，牵动到部分大腿肌肉，其余控制不动 。

（6）坐胯——双腿微蹲，把一侧的胯先提起再下点这样就可做得很自然了，力量向下，就是只有胯部向下点，牵动到部分大腿肌肉，其余控制不动 。

（7）上下胯。

① 双腿分开，与肩部同宽（可根据自己的舒适度来调整宽度），双膝放松、屈膝，膝盖要能上下轻松弹动，富有弹性同时将全身中心往下压，膝盖有弹性不代表身体也要跟着有弹性，要把身体的中心控制住。

② 双手秀美地打开在身体两侧，胯部做"上"、"下"的提动，左胯左膝、右胯右膝交替向上提拉（一上一下的运动），带有爆发力，同时控制上身重心不偏移，将力量集中在跨部。

③ 待上下胯学会后，通过练习使得胯部灵活性加强，再来做提胯就会很容易，并且动作的幅度会增大。提胯注意将重心放于一只脚上，动作不要过强，将胯部向上提，提升到你的最大限度，挤压后腰，身体不要上下弹动，控制重心不移动。

（8）顶胯——顶胯分 3 种：

① 前顶胯：身体后仰，双腿屈膝，一腿一步之距脚尖向前固定好，由膝盖向上登直的瞬间爆发力传给胯根的前顶。

② 旁顶胯：身体直立，一腿一步之间的距离向旁打开，固定好前脚掌，双腿自然屈膝。由膝盖蹬直的瞬间爆发力给旁侧胯骨力量。锻炼旁侧胯骨的弹动。注意：胯骨要摆正，不要出现臀部动作，两腿交替时，动作要均匀。

③ 后顶胯：身体前倾，一步之距，一腿脚尖向后固定前脚掌，由膝盖向后登直的瞬间爆发力给臀部后上方力量。

（四）西米

（1）肩西米。

① 肩膀放松的情况下（切记绝对不要耸肩），左右肩一前一后，逐渐加快速度。

② 正常情况下是抖肩带动抖胸，随着肩部抖动的加快，带动胸部的抖动。

③ 正确的抖胸抖肩，身体都是放松的，并不是突然激灵一下抖一会，然后停一下又开始。抖胸也并不只是胸部晃动起来就可以，就是正确的，不论抖胸还是抖肩，身体都必须有控制，除了你抖动的部位外其他任何地方都不可以有晃动，抖动要明显，匀速有节奏。

（2）直立西米——直立西米的发力点在于膝盖，需要注意的有三点：

① 大腿肌肉要完全放松，不要有任何紧张的感觉；膝盖前后屈伸交替进行。做膝盖前后屈伸的时候腿要放松，切忌不能越抖越紧

② 左右两边膝盖动作的幅度和速度一定要非常均匀，而且要注意是左右交替发力。

③ 练习时应该由慢而快进行，当觉得慢的做得很均匀的时候再一点点加快速度，不要急于求成。

有句话叫"欲速则不达"，用来形容直立西米的练习再合适不过了，练习方法看起来很简单，但需要我们很细致的耐心。直立西米抖得很快的时候，颤抖的感觉会像一股电流一样从脚下源源不断地蹿至全身，腰围上有赘肉的地方自然随之跳跃，肚子上的颤动非常具有观赏效果。因此，直立西米也是最能说明为什么丰满一些的人更适合跳肚皮舞的一个典型例子。

（3）臀部西米。

发力点：臀部。把意识力放在臀部肌肉上，并保持双膝微屈的状态，然后左右摆动你的臀部，慢慢加快速度。

（4）上下胯西米——发力点：胯部。胯部上下摆动，膝盖是连带着一直一弯交替。用意识指挥上提，下沉，要求上身保持直立，动作由慢到快。慢动作幅度较大，动作加快幅度缩小，最后加快变为抖动，形成胯的西米。这种西米，双脚膝盖不能绷直，微屈放松。只是跟随胯部的向上，腿有点拉直，但膝盖不能向后顶。胯部西米只限于身体中段，胸部以上和膝盖以下是感觉不到抖动的。

第五章　啦　啦　操

第一节　啦啦操运动概述

啦啦操运动，是一项具有独特魅力的新型体育运动，起源于美国，并在很短的时间内得到青年人的青睐。在我国啦啦操还处于初级阶段，理论研究还处于匮乏阶段。

啦啦操运动分为技巧啦啦操和舞蹈啦啦操。其中，技巧啦啦操包括：集体技巧啦啦操、五人配合技巧啦啦操、双人配合技巧啦啦操。舞蹈啦啦操包括：花球舞蹈啦啦操、街舞舞蹈啦啦操、爵士舞蹈啦啦操、自由舞蹈啦啦操。

啦啦操运动特点：啦啦操的特点主要体现为肢体动作的发力方式，即通过短暂加速、制动定位来实现啦啦操特有的力度感；动作完成干净利落，具有清晰的开始和结束；在运动过程中重心稳定、移动平稳，身体控制精确、位置准确。

第二节　啦啦操运动文化内涵及锻炼价值

校园文化是一种独特的文化现象，它以体育竞技、健身、休闲娱乐为表现形式，以学生和老师为主体，以课余活动为内容，以文化的多科学、多领域广泛交流及特有的生活节奏为基本形态。校园文化也是高校教育与发展的软实力，是学校文明建设的综合体现，也是学生知识水平、文明修养、道德情操的综合反映。啦啦操运动是一个新兴的体育运动项目，是在音乐的衬托下，通过运动员舞蹈动作的完美完成及高超的技能技巧展示，集中体现青春活力、健康向上、团结协作的一项集体运动项目，它丰富了校园文化内涵，促进学生心理健康，构建和谐的校园文化。

一、啦啦操的起源及文化元素

啦啦操原名 cheer leading。其中 cheer 有振奋精神、提振士气的意思。啦啦操来源于早期部落社会的仪式。为了激励外出打仗或打猎的战士们，他们通常会举行一种仪式，仪式中族人用欢呼、手舞足蹈的表演来鼓励战士，希望能凯旋。美国是啦啦操运动的发源地，至今已经有一百多年的历史。现代啦啦操运动的历史可以追溯到 19 世纪 80 年代，当时美国正风行着美式足球，在普林斯顿大学的校园里的一场美式足球赛场上，为了帮他们加油、呐喊助威、烘托赛场气氛，第一次出现了自发的、有组织的团队表演形式，这就是现代啦啦操的雏形。1884 年，普林斯顿大学的一个毕业生 Thomas Peebles 把这种有组织的呐喊、欢呼连同足球运动一起带到了明尼苏达大学，从此有组织的啦啦操欢呼在明尼苏达产生。今天我们所熟知的啦啦操创始于 1898 年。明尼苏达大学的学生 Johnny Cambell 在一次足球比赛时非常激动，从人群中跳出来站在观众前面带领观众一起为比赛呐喊助威，这次对啦啦操发展有着重要转折意义的呐喊被记载在明尼苏达大学由学生发行的"ariel"的刊物上。因为那是最后一场比赛，他们要把明尼苏达大学的热情展现给人们，提名六位男生带领人群呐喊助威。因此，1898年11月12日才是啦啦操正式诞生的时间。直到1980年在美国，啦啦操列入了竞技比赛的序列，逐渐发展为国际全明星啦啦操（简称IASCA）竞赛。

IASCA的运动宣言是：我们作为啦啦操运动的成员，将时刻注意自身的言行举止，树立并传播啦啦操运动及其成员的体育精神和高尚品德。无论是国家、名族和性别的差异，我们都将给予支持和帮助；无论技术水平的高低，还是赛场上的竞争对手，我们都将为他/她喝彩。团队协作、相互支持是我们胜利的源泉，坚定信念、永不言弃是我们永远的信念。

IASCA宣言充分体现了啦啦操独特的文化内涵，一支优秀的啦啦操一定是训练有素的，在团队精神方面，一定是团结互助、尊敬师长与对手、遵守纪律，充分展现队员的朝气、文明修养和素质，在表演中体现团队凝聚力、感召力、荣誉感并追求最高境界。

二、啦啦操运动的精神内涵对校园文化建设的重要作用

啦啦操锻炼既是体育教育的扩展与补充，又是校园体育文化活动的重要内容之一。大学阶段的体育，承担着使大学生身心健康发展、增强体质的重任，与德育、智育、美育和劳动教育密切配合，共同实现培养全面发展的大学生的教育目标。高校女生踊跃参加啦啦操锻炼，既是对丰富校园文化生活的一种积极进取态度，也是对学校体育教学内容的一种拓展和补充。通过啦啦操运动，唤醒学生积极向上的集体主义观念，提升学生的审美能力、运动水平，培养学生的集体主义观念，促进文明和谐的校园文化的形成。

（一）啦啦操优化学生素质，丰富校园文化

啦啦操是一个新兴的体育运动项目，是在音乐的衬托下，通过运动员舞蹈动作的完美完成及高超的技能技巧展示，集中体现青春活力、健康向上、团结协作的一项集体运动项目。啦啦操在音乐的伴奏下展示各种不同类型的动作，是融体操、健美操、体育舞蹈、现代舞、爵士舞、民族舞蹈等多种元素的综合性艺术表现形式，它把艺术和体育，健与美、柔与刚有机结合在一起，具有独特的创造性和鲜明的韵律感。经常练习啦啦操，不仅能从柔韧、协调、灵敏、耐力、力量等多方面促进学生身体素质的全面发展，还可以增强心血管和呼吸机能，促进肝糖元分解，提高大脑的血液循环和营养供给，从而有助于消除疲劳和开发智力，可将大学生们从忙碌紧张、压力重重的学习和生活节奏中引向轻松、舒畅、娱乐、健身的艺术境界之中。

（二）啦啦操有利于学生的身心健康的养成

1.有利于培养学生的团队意识、集体竞争意识和集体荣誉观念

啦啦操运动侧重于集体表演，经过不断的训练和动作的编排磨合，使动作达到整齐划一、协调一致、和谐富有感染力，从而起到更好的锻炼和娱乐功效。参加啦啦操比赛，需要的是团体配合，展现的是团队精神面貌，通过训练和比赛，团队精神、集体荣誉感得到进一步的提升。

2.促进培养学生进取向上的意志品质

啦啦操训练能使学生建立健身健美的价值观和审美观，培养和唤醒学生的自我精神需求。通过在校参加啦啦操运动，能进一步增进实践和体验，激发学生参加健身锻炼的热情，

培养学生的审美能力和体育能力，使学生树立正确的学习态度和顽强的意志，同时能有效地促进学生完美人格的形成和终身体育目标的实现。

3. 增强学生的自信心

在节奏明快、旋律优美、动感十足的音乐中完成啦啦操动作，不仅能使高校女生在心理上得到平衡，消除疲劳，增强体质，还能充分展示她们的青春活力。不仅对学生学习啦啦操动作技术有极大的帮助，而且对于他们以后的学习、生活和其他方面都有很大的影响作用。

4. 啦啦操运动对培养学生抗挫折的能力有较大影响

啦啦操教学训练中对某个复杂的难度动作或套路的练习，可能不是一次两次就能完成的，也许会有多次失败的打击，才有取得成功的喜悦。如果需要参加比赛，结果更是难以预料，那种艰辛付出后没有取得相应成绩的沉重打击可想而知。这样的抗挫折训练对学生来说是一笔丰富的人生经历，为他们日后遇到困难和困惑时积极调整心态打下良好的基础，所以说，啦啦操队员是打不倒也压不垮的，生活中的坎坷对他们来说只是一种磨练和成长的经历。

5. 啦啦操运动对培养女大学生的表现力和审美能力有重要影响

啦啦操教学训练中对表现力有更高的要求。表现力是表演者自信能力的体现，能展示人的综合素质能力。练习中对学生表现力的培养，可以使她们在比赛或表演中充分展示美，感染观众，带给人们美的享受，同时也满足自己的愉悦心理，是一种自信的表现。啦啦操运动是一项演绎"动感和激情"的运动，带给人们的不仅仅是视觉的享受，更催人振奋的是时尚、震撼和优美的音乐。有现代舞风情、拉丁风情、街舞风格、爵士风格、民族风格等各种时尚的音乐素材，加上魅力十足的肢体语言，带给人们无限美的享受，这种动作与音乐的完美配合，需要表演者们有着极强的理解音乐、融入音乐、表现音乐内涵的能力，经常参加和欣赏这样的艺术表现方式，对提高女大学生的审美能力有重要作用。

6. 啦啦操运动对培养高校女生勇敢、顽强、不畏艰难的良好品质有重要影响

女生天生就好像是弱者，遇到困难时首先希望别人来解救自己，而不是考虑自救，这种依赖心理使得她们在学习和生活中一旦遇到困难就会束手无策。啦啦操教学训练中要求学生完成一些难度动作，而难度动作的前提和基础是提高学生的全面身体素质，由于难度动作的练习有一定的危险性，对女大学生来说难免产生恐惧感，这就需要教师首先加强安全保护措施，预防和避免运动损伤，鼓励和动员学生相信同伴和自己，消除畏难情绪，战胜恐惧心理。另外教学训练中如果不小心受伤了，老师需一方面教会学生处理运动损伤的方法，另一方面教育学生要刻苦拼搏、不畏艰难、勇于挑战自己，这种优良品质的培养，对当代大学生来说是很有必要的。

7. 啦啦操运动有利于女大学生个性心理的完善

通过啦啦操的教学和训练，使学生明白必须克服困难、遵守竞赛规则、制约和调控自己的某些不利于竞赛的因素，通过运动来表达团结、友爱、进步、和平等先进思想，在竞争中修炼自己的品德，并在成功与失败、荣誉和耻辱、竞争和退让中增强人的自信心和自尊心，在练习和表演中寻求安慰和满足，进而改变人的整体精神面貌。对减轻由于紧张和压抑引起的神经系统疾病有着十分重大的意义。

8.啦啦操运动对改善高校女生的人际关系有重要影响

现代生产方式中高新技术的运用和现代化的交通工具，以及城市化的发展，使人与人之间缺乏交流，人际关系疏远。不良的人际关系对人的心理会产生严重的消极作用，极易引起忧郁、焦虑、压抑、愤恨等情绪，可使人产生孤独、不安及无力感，而且缺少相互交往中获得的认同感，使人失去自我意识的反馈源。啦啦操运动是一项集体配合的项目，要求参与者必须相互交流，增进彼此的情感，理解同伴，相互信任、相互鼓励，才能完成一系列的难度动作和造型。这对于那些情感怪癖、忧郁寡欢、不愿与人交往，待人接物时冷时热、以自我为中心的人来说，不但能改善她们不良的人际关系，而且还能使她们认识自己的价值和树立信心。

啦啦操运动是独具文化魅力的一项体育运动，它彰显体育精神，传承体育文化，其包含的教化功能和文化元素恰恰是校园文化的重要组成部分。其自身独具魅力的观赏性，与其他运动项目的亲和性，是其他运动项目所不能比拟的。啦啦操运动作为一道独特的风景，既彰显个性，又注重群体，追求和谐与凝聚的团队精神完美地诠释了彰显个性与凝聚团结的和谐统一，是体育精神和体育文化在比赛和表演中的放大和升华。

第三节　学校啦啦操运动健身原理

一、学校啦啦操运动健身效果

学校啦啦操是一项全面锻炼身体的有氧运动。它的基本动作由爵士操等体操和摇滚舞等舞蹈动作组成。运动动作简繁结合、丰富多彩、变化有序。单、双脚跳跃及各种站、立、坐、卧等动作均是在节奏性强的音乐伴奏下进行的。在使人体各关节得到合适的活动中，增强各关节的灵活性和柔韧性，提高人体头、颈、腰、髋、四肢和胸、腹等各部分的机能，对增强心血管、呼吸、消化等系统的功能都具有独特作用。同时，其节奏感强、悦耳动听的音乐对人的神经系统具有和谐的刺激和适当的调节、改善作用。所以啦啦操运动能在充分体现人的形体美、力量和造型美，给人以美的享受的同时又能愉悦身心、陶冶情操，达到全面强身健体的目的。学校啦啦操运动又是一项具有广泛适应性的运动。这是因为组成学校啦啦操的各基本动作可以根据不同性别、年龄、健康状况，甚至所要锻炼的不同身体部位进行不同的设计组合，从而形成具有不同运动强度和不同针对性的锻炼套路。如根据锻炼目的的不同，可以设计出花球啦啦操、爵士啦啦操、技巧啦啦操等；根据需要锻炼的部位的不同，可设计组合出头部操、上肢操、腹部操、腰部操和腿部操等；还可以根据性别、年龄的不同设计组合出男、女啦啦操。

二、啦啦操运动的健身原理及方法

（一）原理

啦啦操富有激情、充满阳光、特别凝聚团队精神，同时特别适合成长中的学生参与，因此很快受到大学、中学和小学生的追捧。越来越多的学校开始重视啦啦操，把它作为一种校园文化来建设，用它来释放和减排学生的学习压力，进行成长期的心理和生理辅导，同时增强体质，收到了很好的效果。国内外流行的啦啦操大致分为舞蹈啦啦操和技巧啦啦操两类，舞蹈啦啦操持续、有规律，以健美健身为目的，比较适合大众；而技巧啦啦操不适合普通大众。综上所述，啦啦操是融体操、音乐、舞蹈于一体的追求人体健康与美的运动项目，因此它具有体育、舞蹈、音乐、美育等多种社会文化功能。

（二）方法

学习啦啦操应该对组合动作的整体情况，如风格、组成部分的动作路线及方向变化等有一个大致的认识，然后再把握各技术小节内部的结构及变化规律。啦啦操的成套动作是建立在基本动作的基础之上的，因此，牢固掌握啦啦操的基本技术动作是学习成套动作的先决条件。对于一组动作的学习，最好先分解后组合，先下肢后上肢，然后再加上方位的变化，先慢后快再恢复正常速度。在掌握了一个方向的组合动作后，再学习反方向的组合动作。

啦啦操的音乐大多比较快，也是时下最流行的啦啦操音乐。但是不是节奏越快，跳操的效果就越好呢？其实不然，节奏太快容易运动量超负荷。超负荷的运动不仅易使人疲劳，而且会降低人体免疫功能，对身体不利。因此在健身过程中，要掌握好合适的节奏，动作不宜过快，因为快节奏的啦啦操不能起到锻炼作用。

第四节　啦啦操运动组成要素

一、啦啦操的动作术语及作用

（一）技巧啦啦操

（1）转体类：① 转体(turn)；② 转体180(half turn)；③ 转体360(full turn)；④ 转体540(turn 1 1/2)；⑤ 转体630(turn 1 3/4)；⑥ 转体720(Double turn)；⑦ 转体900(turn 2 1/2)；⑧ 转体810(turn 2 3/4)。

（2）翻腾类。

① 翻腾(Tumbling)：体操或者技巧的动作。

② 原地站立翻腾(Standing Tumbling)：翻跟头技巧（系列技巧），在没有任何向前启动的情况下从站立姿势开始进行。许多在进行翻腾技巧前的向后脚步也定义为"原地站立翻腾"。

③ 行进间翻腾(Running Tumbling)：一种带助跑的行进间翻跟头技巧。

④ 拉手空翻(Assisted Tumbling)：在前空翻或后空翻时底座抓住尖子的手臂并持续对其提供支撑的翻腾。

⑤ 侧手翻(Cartwheels)：一种非空翻的技巧包括臀部越过头顶的翻转。

⑥ 空翻(Flip)：一项空中技巧，包括在身体经过倒转位时不接触表演地面，臀部越过头的翻腾。

⑦ 鱼跃空翻(Dive Flips)：空中前空翻，手脚同时离开表演地面。

⑧ 软翻(Walkovers)：一种非空翻的技巧，包括运动员在向前或者向后的翻腾过程中（常常是双腿呈劈叉状态）使用一只或者两只手支撑。

（3）推起(Punch)：体操术语，指在翻跟头技巧中利用本人的上肢力量离开表演地面。推起瞬间的空中姿势在任何高度都符合要求。

（4）底座（Base）：是指直接承受重量并与地面接触的人，他为其他人提供支持，并通过托、举、扔等帮助尖子完成技巧动作。

（5）后点底座（后点底座保护人）（Back Spot）：是指站在技巧组合的后面主要负责在尖子做既定的下法或者落下动作中保护他的头和肩膀的人。

（6）前点底座（前点底座保护人）（Front Spot）：是指为增加技巧力量或为抛接增加高度的人，他们不参与支架过程。

（7）抛接（Toss）：底座将尖子抛向空中的技巧，尖子与底座在空中没有任何接触。例如："篮子抛"和"海绵抛"。单个底座的将尖子抛起到预定的托举位置不算抛接。

① 篮子抛（轿抛）（Basket Toss）：一种底座不超过四个人的抛接，其中两个人的手腕相互扣紧。

② 海绵抛（Sponge Toss）：多底座的抛接，底座通过尖子的脚将尖子抛起到空中。

③ 摇篮抛（Cradle Toss）：一种底座不超过四个人的抛接，其中底座将手臂扶于尖子后背或腹部的抛接。

④ 直体抛（Straight Toss）：尖子表演抛接时的身体姿势，不包括任何空中的踢。要求尖子在抛掷中达到最大限度的身体直线姿势。

⑤ 蹬起（Straight Ride）：是当将要被抛出的人的双脚一并在底座的手中时使用的一种蹬腿接力技巧。

（8）接法（Dismount）：用技巧从金字塔到底座接住或到表演地面的动作。从底座接到表演地面的转换不被认为是接法。

（9）摇篮接（Straight Cradle）：一种由三人组成的接法，即左、右、后三个底座接。左右两侧的底座手掌向上接住尖子，一只手在尖子的背下，另一只手在尖子的大腿下，后面的底座必须接住尖子的头和肩部，尖子腾空后落下时必须面部朝上成梭子姿势落下，接时有缓冲。

（10）自由落地（Drops）：在无其他人帮助或者保护的落地过程。

（11）一周（Full）：围绕额状轴进行一周完整向前或向后的翻转。

（12）转体（Twist）：在空中的时候身体绕身体垂直轴的转体或者身体平行与地面的转体。

（13）直升飞机抛（Helicopter Toss）：一个尖子在水平位置被抛掷，然后在被底座接住前，沿着垂直轴旋转（如直升飞机桨）。

（14）水平旋转抛（D - Bird）：尖子在水平姿势被抛起后，然后在位于平行地面的水平转体。

（15）转移抛接（Change Bases Toss）：是一组底座将尖子抛向另外一组底座的抛接形式。

（16）倒置（头向下动作）（Inversion）：在技巧或者金字塔中进行翻转的人的重心是向下朝着地面的。

① 前倒（Downward Inversion）：一种前倒动作，托举或金字塔中尖子臀部和肩在脚以下，从脚到肩形成向下倾斜或完全颠倒的姿势。

② 后倒：（Inverted）一种后躺动作，托举或金字塔中尖子臀部和肩在脚以下，从脚到肩形成向下倾斜或完全颠倒的姿势。

③ 后躺(Flat back)：一种技巧，尖子面朝上水平躺，通常由两名或多名底座支撑，以及一名持续的后点支持。

④ 倒转(Braced Flip)：当尖子的头在他本人的腰部以下，并且至少一只脚在腰部以上的向前或向后的旋转。

⑤ 俯姿(Prone Position)：面向下，身体平直姿势。

(17) 跳跃(Jump)：一项不包括空翻的跳跃，包括分腿跳、团身跳、屈体跳、跨跳等。

(18) 托举单腿踢(Stunt with Kick)：尖子身体位于垂直位置，以单脚的状态被底座托起后的单脚踢。

(19) 团身踢(Kick Arch)：一腿团身，一腿踢。

(20) 抛踢转体360(Kick Full)：抛接中，用于包含一个踢和360°旋转的抛接。

(21) 膝盖(身体)落下(Knee/Body Drop)：以跪、坐、大腿或劈叉姿势落下，下落时先将身体主要重量放在手或脚上。

(22) 下法(Release Move)：指底座(们)和尖子在做托举后相互脱离，尖子再次回到托举前的准备状态。

(23) 回接(Reload)：接到尖子后回到另一个技巧，此时尖子的一条腿先点地再蹬起。

(24) 亮相过渡(Show and Go)：一种在过渡技巧或托举转换中的亮相姿态。

(25) 托举(Stunt)：尖子的身体重心被一人或多人拖起离开地面上的所有技巧。尖子被底座主要支撑的腿的数量决定托举是"单腿托举"或是"双腿托举"。同样，底座的数量决定是"单底座"或者是"双底座"、"多底座"，底座的手臂数量决定托举是"单臂托举"或者是"双臂托举"。

① 站肩托举(Standing Shoulder Stunt)：托举中尖子的脚站在底座的肩上的托举。

② 高臂托举(Extended Stunt)：使尖子的整个身体在底座头上方托起延伸的垂直位置。

③ 肩位托举(Shoulder Stunt Level)：指尖子被底座举到肩膀高度。

④ 髋位托举(Hip Stunt)：一种托举准备姿势，尖子的脚位于平行与底座髋部高度的托举，可以单脚准备，也可以双脚准备，也可以踩在底座的大腿上。

⑤ 过渡托举(Transition Stunt)：一个尖子从一个托举过渡到另一个托举，其过程可以交换底座或者不交换底座。

⑥ 托举移动(Stunt Moving)：金字塔或托举中，底座和尖子保持接触并调整队形的移动状态。

(26) 尖子(Top Person)：在技巧动作或者抛掷时最上面的人。

二尖(2 top Person)：位于金字塔第二层的人。

(27) 金字塔造型(Pyramid)：一个或多个尖子由一个或多个底座支撑而形成的金字塔形状的托举造型，金字塔造型的组成人员必须相互支撑，并产生相互联系，金字塔造型必须保持垂直状态，非垂直过渡动作是允许的。

① 2人高金字塔(Two-High Pyramid)：以身体的长度为测定标准，包括尖子脚位于底座肩部的高度(包括肩位托举及站肩托举)。

② 2人半高金字塔(Two and One Half-high Pyramid)：以身体的长度为测定标准，包括底座以高臂托举的姿态托起尖子脚的高度。

③ 1人半高金字塔(One and Half-High Pyramid)：以身体的长度为测定标准，包括

底座以高臂托举的姿态托起尖子臀部的高度，尖子的脚站在底座的大腿上的高度，尖子臀部位于底座肩部的高度。

④ 过渡金字塔（Transition Pyramid）：尖子从一个托举移动到另一个托举，其过程可以交换底座或者不交换底座。但至少有一个二尖或底座始终保持与尖子的不间断接触。

（二）舞蹈啦啦操

手位动作名称：① 上 M(up M)；② 下 M(hands on hip)；③ W(muscle man)；④ 高 V(high V)；⑤ 倒 V(low V)；⑥ T(T)；⑦ 斜线(diagonal)；⑧ 短 T(half T)；⑨ 前 X (front X)；⑩ 高 X(high X)；⑪ 低 X(low X)；⑫ 屈臂 X(bend X)；⑬ X(X)；⑭ 上 A (up A)；⑮ 下 A(down A)；⑯ 加油(applauding)；⑰ 上 H(tonch down)；⑱ 下 H(low touch down)；⑲ 小 H(little H)；⑳ L(L)；㉑ 倒 L(low L)；㉒ K(K)；㉓ 侧 K(side K)；㉔ R(7R)；㉕ 弓箭(bow and arrow)；㉖ 小弓箭(bow)；㉗ 高冲拳(high punch)；㉘ 侧下冲拳(low side punch)；㉙ 斜下冲拳(low cross punch)；㉚ 斜上冲拳(up cross punch)；㉛ 短剑(half dagger)；㉜ 侧上冲拳(high side punch)。

二、啦啦操运动的口号

啦啦操运动的口号为 30 秒口号，是指成套开始前参赛队伍全体队员集体上场，在 30 秒时间内通过口号、道具，配合基本手位、难度等动作内容来展现自己的热情，鼓舞赛场上同伴们的斗志，带动观众为比赛的运动员们加油呐喊，渲染赛场气氛。

三、啦啦操运动的音乐

音乐是声音的艺术，它作为完整的艺术形式，有自己独特的系统和完整的表达方式。啦啦操动作在音乐的烘托下，更具生命力与艺术性。音乐为啦啦操插上了两只翅膀，扩大了其表现空间。如果说动作构成了啦啦操的锻炼与原始的冲动，那么音乐则为啦啦操注入了灵魂，并使内心的激动呐喊出来。

音乐的节奏与速度严格地控制着动作的节奏与速度，并在很大程度上控制着运动的强度。仅就速度与节奏而言，时间一定，节奏与动作越复杂、越快，强度就越大，反之越弱。

音乐的风格指导着动作的风格，音乐风格受时代变化、民族、地域、环境、作者等因素影响，因此我们应当尊重音乐的风格，唯有这样，动作与音乐才能协调，音乐才能有力地支撑起动作。

音乐的强弱变化为动作的力度与起伏造就了内在的条件，使动作与音乐在结构上产生联系，加之曲调与节奏的变化、动作的起伏，从而产生韵律感，增加啦啦操的韵律美，使啦啦操的美学价值更高。

音乐的情绪有控制啦啦操动作与脑细胞兴奋的作用，因此，在音乐的伴奏下进行锻炼可以延缓疲劳现象的出现，同时音乐的情绪也可以影响人的情绪，这也是啦啦操多选择曲调欢快、节奏强劲的音乐作为伴奏音乐的重要原因之一。欢乐明快的音乐可以更快地调动人的兴奋性。

四、啦啦操基本动作内容

技巧啦啦操基本动作内容包括 30 秒口号组合、翻腾、托举、抛接、金字塔和特殊规定内容。

舞蹈啦啦操基本动作内容：风格必须鲜明，突出舞蹈的风格特点及技术特征，成套创编包含舞蹈动作组合、难度动作、过渡与连接等，动作素材及难度的选择必须符合 4 类舞蹈啦啦操项目特征，同时要求舞蹈动作组合与难度动作组合均衡分布。禁止渲染暴力、种族歧视、宗教信仰以及淫秽等内容。

第五节　啦啦操运动教学

一、啦啦操运动教学概述

啦啦操运动教学作为体育教学内容之一，是在教师科学指导和学生主动参与下使学生系统地获取啦啦操知识、技术、技能，增进健康，提高身体素质，培养综合素质和能力的教育过程。在这一过程中，学生的身心得到健康发展，审美意识得到提高，有助于学生培养良好的思想品德。啦啦操教学必须遵循体育教学的规律和原则，根据啦啦操教学特点，采取有效的教学方法和手段。

二、啦啦操教学方法

（一）啦啦操教学方法的作用

啦啦操教学方法是实现啦啦操教学任务或目标的方式、途径、手段的总称。啦啦操教学方法多种多样，既包括教师教的方法，也包括学生学的方法。就其来源来说，一方面是体育教学方法，另一方面来源于啦啦操实践，是啦啦操教学中所特有的。

啦啦操教学方法在实现啦啦操教学任务和目标中起着桥梁和中介作用，具有传授知识、形成动作技能、指导实践、发展经验、培养能力、提高学习效率等作用，因此，教学中无论教师进行活动，还是学生进行活动，都离不开一定的教学方法。

（二）啦啦操课常用的教学方法

啦啦操教学方法多种多样，每一种教学方法对完成教学任务都有其特殊的作用。采用哪种方法及如何运用，应根据教学任务、教学内容、学生特点及场地设备等具体情况来决定，这样才能充分发挥教学方法的作用，取得较好的效果。在啦啦操教学中常用的教学方法有以下几种。

1. 记忆法

记忆法是为了使学生尽快地掌握学习内容，熟记组合常采用的教学方法。

（1）念动法。念动法是指学生有意识地、系统地在脑海中重复再现已形成的动作表象，熟练和加深动作印象的记忆方法。

（2）观察模仿法。将学生分组进行教学，一组练习，另一组观察练习并随其进行模仿练习，以加深记忆、熟练动作，同时也能够发现练习者的问题所在。观察模仿练习有助于建立和巩固正确动作的动力定型。

（3）简图文字记写法。布置课后作业，让学生把所学的动作名称、做法等用简图和文字加以表述。在记写的过程中，学生对动作的名称、要领、顺序、连接等多次在脑海中重复、再现、模仿、分析，这样可强化记忆，加速学习的进程，形成较牢固的动力定型。同时能节省体力消耗，提高教学质量，熟练成套动作，改进动作技能，提高协调性和运动感觉能力。记写法还可以提高学生绘图与术语的表达能力。

2.示范讲解法

一般来说，为提高示范讲解的效果，采用边示范边讲解的方法最好。但根据实际情况，在运用时也有所不同。

（1）只示范，不讲解。如果学生有一定的基础，动作又比较简单，可以只示范，提出要求即可，不必讲明。

（2）只讲解、不示范或先讲解后示范。如果为了培养学生的独立思考能力，加深对动作的理解，可以只讲解、不示范或先讲解后示范。

（3）先示范，后讲解。如果动作比较复杂，应首先让学生建立正确的动作表象，然后再讲解。

（4）一边慢动作示范，一边讲解。如果初学者学习比较复杂或较困难的动作，可采用边慢动作示范，边讲要求，边让学生模仿着做。

3.激情法

激情法是用来激发学生学习兴趣的一种方法。

（1）乐曲激情法。教学开始时，教师选择优美动听的乐曲让学生听，同时讲解音乐，引导学生去欣赏音乐，了解音乐的风格，掌握音乐的节奏速度和节拍，使学生理解音乐的特点，丰富对音乐的感受。

（2）健美激情法。教师在教学前，先在音乐的伴奏下，用优美大方、充满活力的动作把教学的内容完整地示范给学生，给学生以美的享受，激发学生的学习热情。

通过听和看，学生的脑海中会对动作技术产生一个完整的印象，并有一种渴望学习、急于掌握动作技术的心理，这时再有顺序地进行学习，效果最佳。

三、啦啦操规定花球套路

1.预备 4 拍（图 5－1）

动作说明

手臂动作：1～4 拍双手直臂置于体前。

步法：1～4 拍两脚直立并拢。

手型：手握花球。

面向：前方。

1~4

图 5－1　预备 4 拍动作

2. 第 1×8 拍(图 5－2)

动作说明

手臂动作：1 拍上 V；
　　　　　2 拍胸前屈臂平屈；
　　　　　3 拍双手扶大腿前面；
　　　　　4 拍加油；
　　　　　5 拍胸前屈臂右斜屈；
　　　　　6 拍胸前屈臂左斜屈；
　　　　　7 拍手臂交叉前伸；
　　　　　8 拍加油。

步法：1 拍两脚直立左右分开与肩同宽；
　　　2 拍两脚直立左右分开与肩同宽；
　　　3 拍马步蹲；
　　　4 拍两脚直立并拢；
　　　5 拍马步蹲；
　　　6 拍马步蹲；
　　　7 拍两脚开立；
　　　8 拍两脚开立。

手型：手握花球。

面向：面向前方。

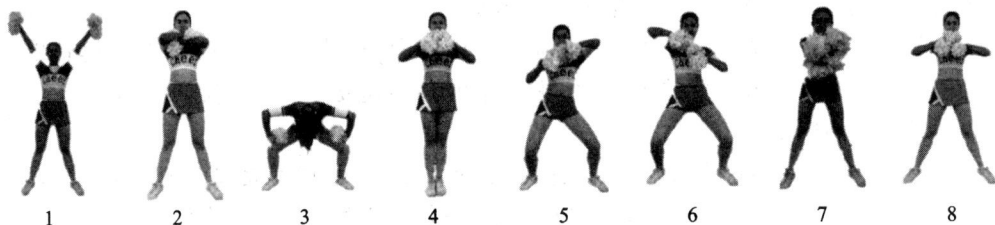

图 5－2　第 1×8 拍动作

3. 第 2×8 拍(图 5－3)

动作说明

手臂动作：1 拍右手直臂向上，左手直臂向下；
　　　　　2 拍 T；
　　　　　3 拍 K；
　　　　　4 拍上 V；
　　　　　5 拍 R；
　　　　　6 拍右手斜下，左手叉腰；
　　　　　7 拍右手叉腰，左手屈臂上举；
　　　　　8 拍右手叉腰，左手屈臂上举。

步法：1 拍两脚开立；
　　　2 拍两脚并拢；
　　　3 拍两脚开立；
　　　4 拍两脚并拢；
　　　5 拍两脚开立；
　　　6 拍右脚点地，左脚着地；
　　　7 拍右脚着地，左脚点地；
　　　8 拍右脚着地，左脚点地。

手型：手握花球。

面向：面向前方。

图 5－3　第 2×8 拍动作

4.第 3×8 拍(图 5 – 4)

动作说明

手臂动作：1 拍屈臂绕花球；　　　　步法：1～2 拍两脚开立；

　　　　　2 拍屈臂绕花球；　　　　　　3～4 拍左脚在前点地，右脚在后着地；

　　　　　3 拍屈臂绕花球；　　　　　　5～8 拍两脚前后开立。

　　　　　4 拍双手叉腰；

　　　　　5 拍右手置于腹前，左手叉腰；

　　　　　6 拍右手置于腹前，左手叉腰；

　　　　　7 拍右手直臂向下，左手叉腰；

　　　　　8 拍右手置于腹前，左手叉腰。

手型：手握花球。

面向：1～6 拍面向前方；

　　　7 拍面向下；

　　　8 拍面向前方。

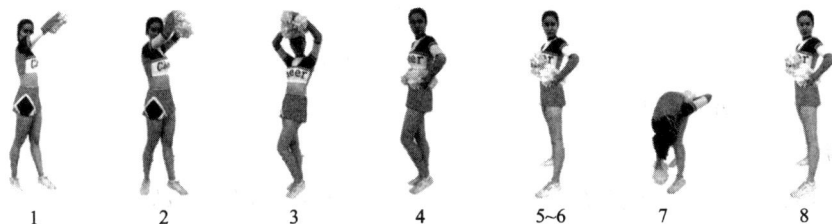

图 5 – 4　第 3×8 拍动作

5.第 4×8 拍(图 5 – 5)

动作说明

手臂动作：1～2 拍下 V；　　　　步法：1 拍两脚开立；

　　　　　3 拍平举；　　　　　　　2 拍左脚靠拢与右脚；

　　　　　4 拍 T；　　　　　　　　3 拍右脚着地，左脚点地；

　　　　　5 拍左斜线；　　　　　　4 拍两脚开立；

　　　　　6 拍右斜线；　　　　　　5～6 拍马步蹲；

　　　　　7～8 拍双手叉腰。　　　　7～8 拍两脚直立并拢。

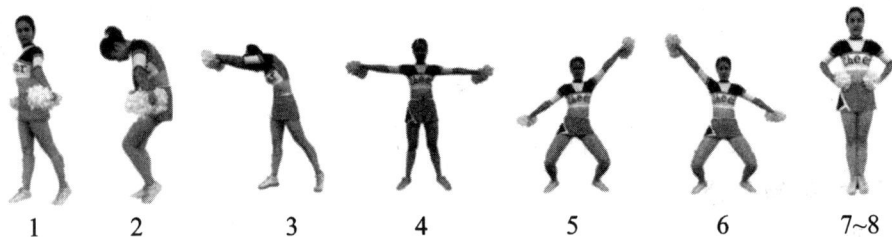

图 5 – 5　第 4×8 拍动作

手型：手握花球。

面向：1 拍面向前方；

　　　　2～3 拍面向下；

　　　　4～8 拍面向前方。

6. 第 5×8 拍(图 5 - 6)

动作说明

手臂动作：1～4 拍右手前举，左手侧举；　　步法：1～4 拍锉步；

　　　　　5～8 拍双手叉腰。　　　　　　　　　　5～8 拍右左脚依次向下点地。

手型：手握花球。

面向：面向前方。

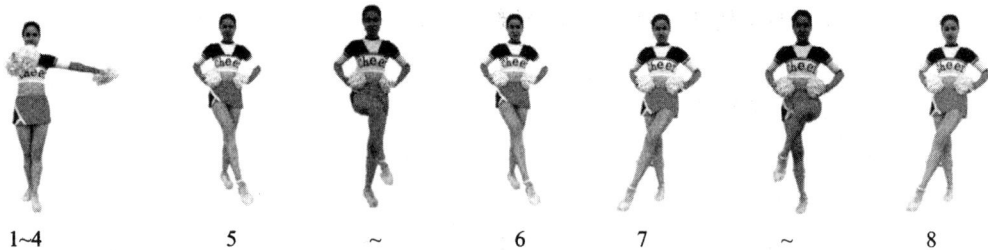

1~4　　　　　5　　　　　~　　　　　6　　　　　7　　　　　~　　　　　8

图 5 - 6　第 5×8 拍动作

7. 第 6×8 拍(图 5 - 7)

动作说明

手臂动作：1～4 拍双手叉腰；　　　　　　步法：1～4 拍右侧踢腿；

　　　　　5 拍右手前下，左手前下；　　　　　5～7 拍两脚开立；

　　　　　6 拍左斜线；　　　　　　　　　　　8 拍两脚并拢。

　　　　　7 拍 T；

　　　　　8 拍身体前方。

手型：手握花球。

面向：面向前方。

1　　　　2　　　　3　　　　4　　　　5　　　　6　　　　7　　　　8

图 5 - 7　第 6×8 拍动作

8. 第 7×8 拍(图 5 - 8)

动作说明

手臂动作：1～3 拍体前直臂；　　　　　　步法：1～3 拍转体向右；

　　　　　4 拍加油；　　　　　　　　　　　4 拍两脚直立并拢；

5 拍上 V;

6 拍胸前平屈;

7～8 拍下 V。

手型:手握花球。

面向:1、3、4 拍面向前方;

2 拍面向后方;

5、6 拍面向右斜前方;

7、8 拍面向左斜后方。

5～8 拍右脚站立,左脚后点地。

图 5-8 第 7×8 拍动作

9. 第 8×8 拍(图 5-9)

动作说明

手臂动作:1 拍 H;

2 拍 T;

3 拍加油

4 拍倒 L;

5 拍加油;

6 拍加油;

7 拍上 V;

8 拍两臂置于体侧。

步法:1～3 拍右脚前踢腿;

4～6 拍直体后转体;

7～8 拍后屈腿跳。

手型:手握花球。

面向:5 拍面向后方;

其余拍面向前方。

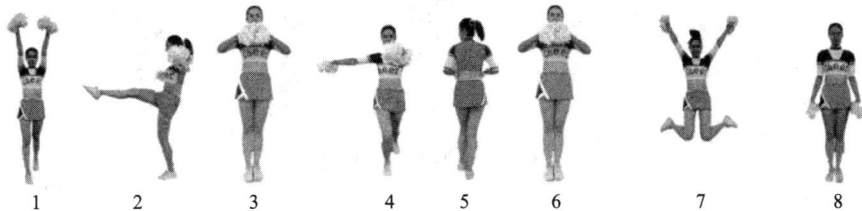

图 5-9 第 8×8 拍动作

10. 第 9×8 拍(图 5-10):

动作说明

手臂动作:1～8 拍下 V;

步法:1～8 拍坐式左侧踢腿。

手型：手握花球。

面向：1 拍面向下方；

　　　2 拍面向后方；

　　　3～8 拍面向前方。

图 5 - 10　第 9×8 拍动作

11. 第 10×8 拍(图 5 - 11)

动作说明

手臂动作：1～6 拍下 V 支撑与地面；　　　　步法：1～8 拍向后分腿踢接直立。

　　　　　7～8 拍双手置于体侧。

手型：手握花球。

面向：1～5 拍面向后方；

　　　6～7 拍面向下方；

　　　8 拍面向前方。

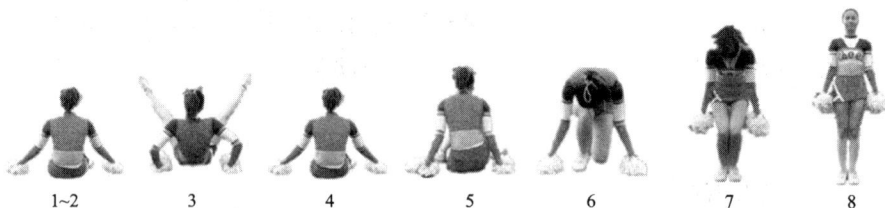

图 5 - 11　第 10×8 拍动作

12. 第 11×8 拍(图 5 - 12)

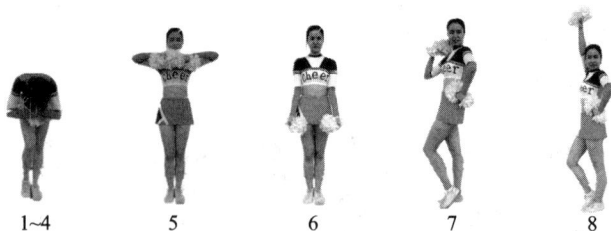

图 5 - 12　第 11×8 拍动作

动作说明

手臂动作：1～4 拍体前抱花球；　　　　　步法：1～4 拍踏步；

　　　　　5 拍胸前平屈；　　　　　　　　　5～6 拍两脚并拢；

　　　　　6 拍双手置于体侧；　　　　　　　7～8 拍左脚点地，右脚点地。

　　　　　7～8 拍右手上举，左手叉腰。

手型：手握花球。

面向：1～4 拍面向下方；

5～6 拍面向前方。

13. 第 12×8 拍（图 5－13）

动作说明

手臂动作：1～5 拍体上依次屈臂斜上举；　　　　步法：1～4 拍踏步；

6～8 拍右手斜下摔臂抖肩。　　　　　　　5～8 拍左脚侧点地。

手型：手握花球。

面向：面向前方。

图 5－13　第 12×8 拍动作

14. 第 13×8 拍（图 5－14）

动作说明

手臂动作：1～2 拍胸前绕臂；　　　　步法：1～2 拍两脚直立；

3～4 拍右手斜下摔臂；　　　　　　3～4 拍左脚点地；

5～6 拍右手头上绕臂；　　　　　　5～6 拍两脚直立；

7～8 拍双手扶大腿前侧。　　　　　7～8 拍马步蹲。

手型：手握花球。

面向：1～6 拍面向前方。

图 5－14　第 13×8 拍动作

15. 第 14×8 拍（图 5－15）

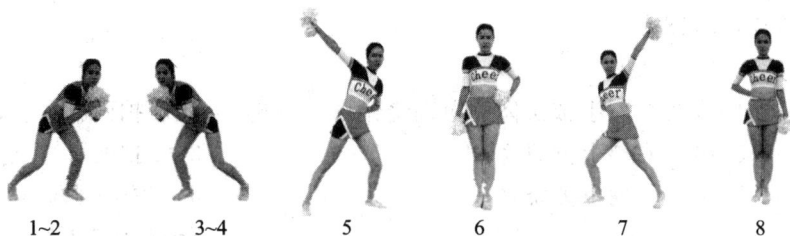

图 5－15　第 14×8 拍动作

动作说明

手臂动作：1～4 拍加油； 步法：1～4 拍屈膝向下；

5～8 拍右侧绕臂，左侧绕臂。 5～8 拍右侧并步，左侧并步。

手型：手握花球。

面向：面向前方。

16. 第 15×8 拍(图 5 - 16)

动作说明

手臂动作：1～6 拍右左手依次胸前振屈； 步法：1～8 拍两脚半蹲。

7～8 拍右手屈臂上举，左手侧平举。

手型：手握花球。

面向：面向前方。

| 1~2 | 3~4 | 5~6 | 7 | 7侧面 | 8 |

图 5 - 16 第 15×8 拍动作

17. 造型 4 拍(图 5 - 17)

动作说明

手臂动作：1～2 拍右左手依次斜下举，叉腰； 步法：1～3 拍右左脚依次点地；

3 拍上 A； 4 拍右脚在前，左脚点地。

4 拍前举。

手型：手握花球。

面向：面向前方。

| 1 | 2 | 3 | 4 |

图 5 - 17 造型动作

18. 第 16×8 拍(图 5 - 18)

动作说明

手臂动作：1～4 拍右左手依次体侧向外绕臂； 步法：1、3 拍两脚开立；

5～6 拍右斜上方绕臂； 2、4 拍两脚直立并拢；

7～8 拍左斜下方绕臂。 5～6 拍右脚在后开立；

7～8 拍左脚在后开立。

手型：手握花球。

面向：面向前方。

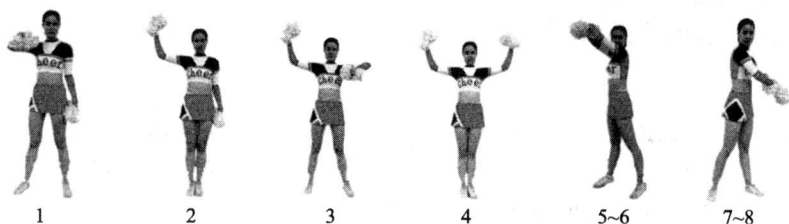

图 5-18　　第 16×8 拍动作

19. 第 17×8 拍（图 5-19）

动作说明

手臂动作：1～4 拍倒 V，振胸；　　　　步法：1～4 拍右左脚依次弓步；
　　　　　5～8 拍两臂直臂置于体侧。　　　　　　5～8 拍两脚直立并拢。

手型：手握花球。

面向：面向前方。

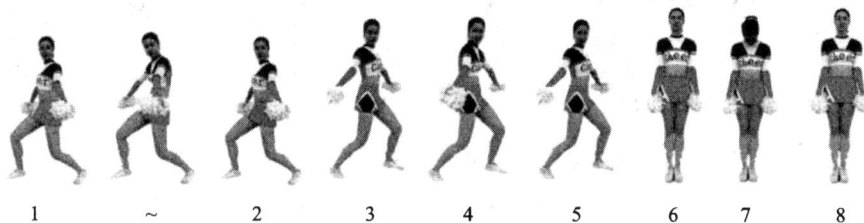

图 5-19　　第 17×8 拍动作

20. 第 18×8 拍（图 5-20）

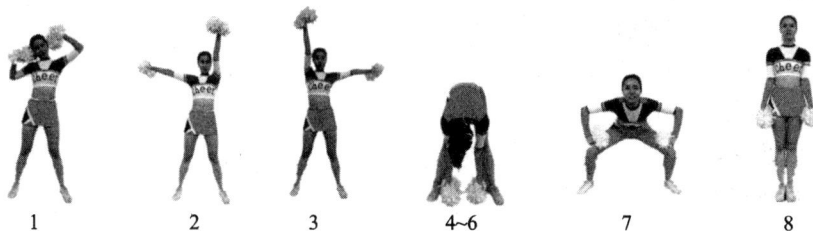

图 5-20　　第 18×8 拍动作

动作说明

手臂动作：1 拍双手屈臂上举；　　　　步法：1～6 拍两脚开立；
　　　　　2 拍右 L；　　　　　　　　　　　7 拍马步蹲；
　　　　　3 拍左 L；　　　　　　　　　　　8 拍两脚直立并拢。
　　　　　4～6 拍双手直臂向下；
　　　　　7 拍双手扶于大腿前侧；
　　　　　8 拍双手直臂置于体前。

手型：手握花球。

面向：1～3、7～8 拍面向前方；

　　　　4～6 拍面向下方。

21. 第 19×8 拍（图 5-21）

动作说明

手臂动作：1～2 拍上 A；　　　　　　　步法：1～4 拍右左脚依次点地；

　　　　3 拍 T；　　　　　　　　　　　　　5～8 拍右转体右脚侧踢。

　　　　4～5 拍胸前屈臂交叉；

　　　　6 拍两臂置于体前；

　　　　7 拍 T；

　　　　8 拍两臂置于体前。

手型：手握花球。

面向：1～5、7～8 拍面向前方；

　　　　6 拍面向后方。

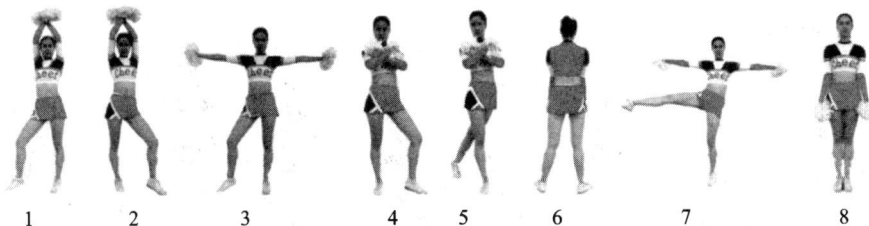

图 5-21　第 19×8 拍动作

22. 第 20×8 拍（图 5-22）

动作说明

手臂动作：1～4 拍双手向后置于后腰；　　　步法：1～8 拍踏步。

　　　　5～6 拍加油；

　　　　7 拍右上左下直臂；

　　　　8 拍 T。

手型：手握花球。

面向：面向前方。

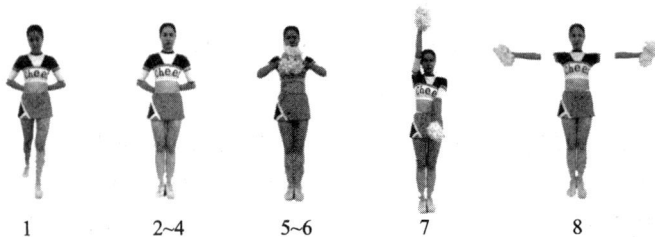

图 5-22　第 20×8 拍动作

23. 第 21×8 拍（图 5-23）

动作说明

手臂动作：1～8 拍 T；　　　　　　　　　步法：1 拍右脚吸腿。

2～8 拍右左脚依次前踢腿。

手型：手握花球。

面向：面向前方。

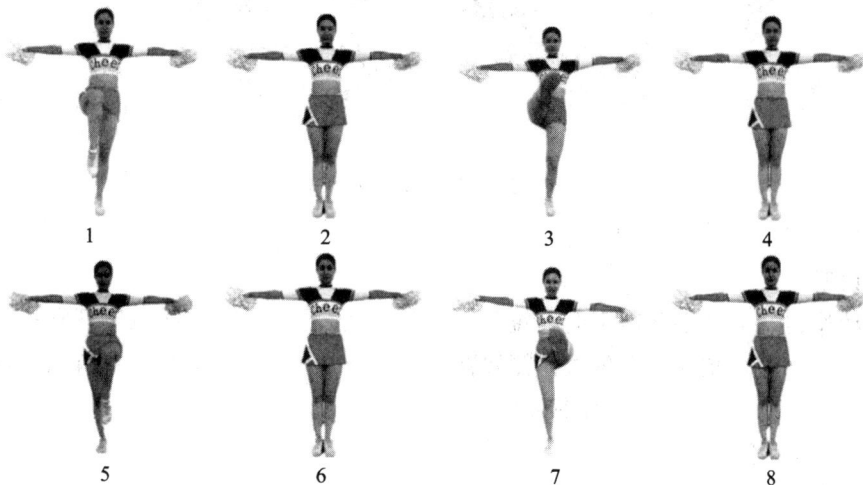

图 5-23　第 21×8 拍动作

24. 第 22×8 拍（图 5-24）

动作说明

手臂动作：1～5 拍双手依次向上成上 V；

6 拍短 T；

7～8 拍双手置于体侧。

步法：1～4 拍踏步；

5～6 拍两脚直立并拢；

7～8 拍两脚屈膝并拢。

手型：手握花球。

面向：1～2 拍面向下方；

3～4 拍面向前方；

5～8 拍面向左方。

图 5-24　第 22×8 拍动作

25. 第 23×8 拍（图 5-25）

动作说明

手臂动作：1～6 拍右左手依次向后绕臂；

7～8 拍短 T。

步法：1～6 拍右脚依次向后点地并拢；

7～8 拍两脚屈膝并拢。

手型：手握花球。

面向：1～6 拍面向左方。

7～8 拍面向前方。

图 5-25   第 23×8 拍动作

26. 第 24×8 拍(图 5-26)

动作说明

手臂动作:1～4 拍手臂由下向上短 T;   步法:1～4 拍两脚开立;

5～7 拍左右手依次体侧屈臂;   5～8 拍左右脚依次点地。

8 拍左手上举,右手叉腰。

手型:手握花球。

面向:面向前方。

图 5-26   第 24×8 拍动作

27. 第 25×8 拍(图 5-27)

动作说明

手臂动作:1 拍双手扶于大腿前侧;   步法:1 拍两脚屈膝并拢;

2～4 拍上 V   2～4 拍两脚开立;

5 拍上 H;   5、6、8 拍两脚直立并拢;

6 拍双手前交叉;   7 拍屈腿跳。

7 拍上 V;

8 拍双手置于前侧。

手型:手握花球。

面向：1 拍面向下方；

　　　　2～8 拍面向前方。

图 5 - 27　第 25×8 拍动作

28. 第 26×8 拍(图 5 - 28)

动作说明

手臂动作：1、3 拍双手侧平举；　　　　　步法：1～4 拍右左脚侧并步；

　　　　　2、4 拍双手胸前屈臂；　　　　　　　　5～8 拍左脚 4 次点地。

　　　　　5～8 拍右左手屈臂前后摆臂。

手型：手握花球。

面向：面向前方。

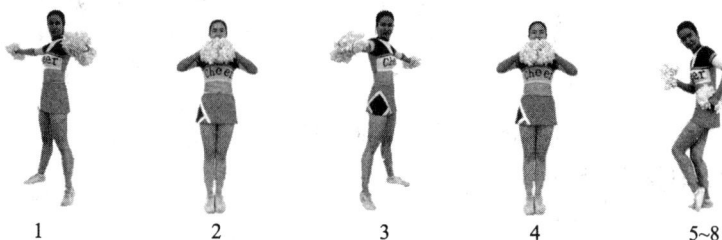

图 5 - 28　第 26×8 拍动作

29. 第 27×8 拍(图 5 - 29)

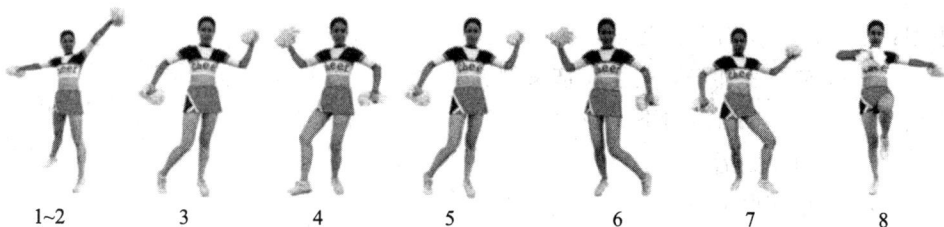

图 5 - 29　第 27×8 拍动作

动作说明

手臂动作：1～2 拍右手侧平举，左手斜上举；　　步法：1～2 拍滑步；

　　　　　3～7 拍左右手屈臂上下交替；　　　　　　3～7 拍左右脚依次点地；

　　　　　8 拍右手胸前平屈，左手侧平举。　　　　　8 拍左脚吸腿。

手型：手握花球。

面向：面向前方。

30. 第 28×8 拍(图 5 - 30)

动作说明

手臂动作：1～4 拍左右手依次屈臂摔臂；　　　　步法：1～4 拍右左脚依次吸腿；

　　　　　　5～8 拍倒 V。　　　　　　　　　　　　　5～8 拍两脚屈膝开立。

手型：手握花球。

面向：面向前方。

图 5 - 30　第 28×8 拍动作

31. 第 29×8 拍(图 5 - 31)

动作说明

手臂动作：1～2、5～6 拍手臂直臂向下；　　　　步法：1～4、7～8 拍两脚开立；

　　　　　　3～4 拍右手冲拳，左手叉腰；　　　　　　　5～6 拍两脚屈膝交叉。

　　　　　　7～8 拍上 V。

手型：1～2、5～8 拍手握花球；

　　　　3～4 拍右手冲拳，左手成掌叉腰。

面向：1～2、5～6 拍面向下方；

　　　　3～4 拍面向后方；

　　　　7～8 拍面向前方。

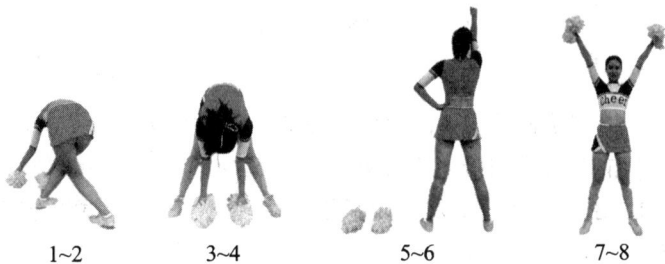

图 5 - 31　第 29×8 拍动作

32. 第 30×8 拍(图 5 - 32)

动作说明

手臂动作：1～4 拍右手叉腰，左手依次向上举；　　步法：1～4 拍踏步；

　　　　　5 拍倒 V；　　　　　　　　　　　　5～7 拍两脚开立；

　　　　　6 拍短 T；　　　　　　　　　　　　8 拍马步蹲。

　　　　　7 拍双手置于头后侧；

　　　　　8 拍双手扶于大腿前侧。

手型：手握花球。

面向：1～7 拍面向前方；

　　　8 拍面向下方。

图 5 - 32　第 30×8 拍动作

33. 第 31×8 拍(图 5 - 33)

动作说明

手臂动作：1 拍双手扶于大腿前侧；　　步法：1 拍马步蹲；

　　　　　2 拍倒 V；　　　　　　　　　　2 拍两脚直立并拢；

　　　　　3 拍胸前屈臂交叉；　　　　　　3～8 拍右脚点地，两脚开立。

　　　　　4～8 拍右手画圆绕臂，左手置停于侧平举。

手型：手握花球。

面向：面向前方。

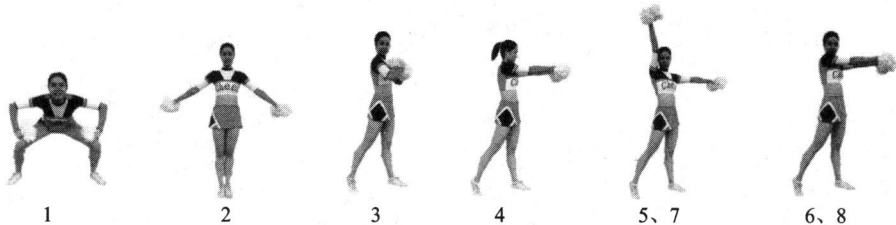

图 5 - 33　第 31×8 拍动作

34. 结束动作(图 5 - 34)

动作说明

手臂动作：1、3 拍 T；　　　步法：1 拍马步蹲；

　　　　　2 拍加油；　　　　　　2 拍两脚直立并拢；

　　　　　4 拍 H；　　　　　　　3～4 拍左脚上步；

5 拍斜下举。　　　　　　　　5 拍两脚开立，左脚点地。

手型：手握花球。

面向：面向前方。

　　　1　　　　　　2　　　　　　3　　　　　　4　　　　　　5

图 5-34　结束动作

第六章 健身性健美操训练方法

本章通过对健身性健美操训练过程规律的总结与阐述，使热爱和参与教学、训练工作的人们更容易达到自己的目的。《运动训练学》告诉我们："运动训练学的主要内容包括：运动训练的目的、任务、特点；运动训练中的适应过程；运动训练的原则、方法；健身能力的训练；运动训练的结构、组织与控制；教练员与运动员；运动训练过程中的思想政治教育等。"

在我国，健身性健美操训练是健美操体系中不可缺少的一部分，它与学校健美操教育、健身性健美操的大众锻炼与娱乐组成了完整的健美操框架。因此，了解与研究健身性健美操训练对整个健美操运动的发展十分重要。

第一节 健身性健美操训练的目的与任务

健身性健美操训练的根本目的与任务是通过教练员专门计划的指导，使运动员逐步提高健身性健美操专项身体素质、技术、技能、心理水平，使其健身能力达到理想的状态，从而在各种赛事上取得优异成绩。

一、发展专项身体素质

健身性健美操的专项素质主要包括有氧状态下的代谢能力、肌体的力量与爆发力、各关节的柔韧性、身体的平衡与控制能力、肢体动作的协调能力及灵敏性、对空间位置和运动方向的敏感性、适应外界环境变化的能力。

专项身体素质是完成健身性健美操成套动作的基础，只有具有高水平的专项身体素质，才能为高质量地完成动作提供基本条件。

二、提高专项技术水平

健身性健美操专项技术包括弹性技术（缓冲的控制能力）、身体姿态（肢体与躯干在动作过程中的速度、幅度与控制能力）、重心的转换（身体重心在运动中的平稳控制）、高空落地（控制与缓冲）、转体技术（身体各轴面感知能力的建立与控制、旋转力的发动）、与同伴协调配合的技术（控制自己与同伴的动作一致）。

训练的重要任务之一是在训练中不断地发现问题，解决问题，同时还要不断地创新，通过比赛加以传播开来，使人们了解这项运动，从而推动整个健美操事业的发展。

健身性健美操比赛通过竞赛及此项运动本身所具有的独特魅力，能够起到推动整个健美操事业与市场发展的作用。运动员健美的体魄是众多人追求的目标。优美、极富动感并具有强烈艺术性的成套动作不仅给人们带来赏心悦目的感受，同时也吸引着众多人参与到此项运动当中来，从而不断壮大健美操事业。

三、在健身性健美操赛事中取得优异成绩

提高运动成绩是大众体育活动的首要目的，也是训练活动的终极目标。健身性健美操的大众水平是运动员在赛场上力求完美完成成套动作的能力水准，而运动员的水准是以运动员的能力高低来衡量的。健身性健美操训练要使运动员在最佳时间区域内以最有效的方法提高专项技术水平，增强身体素质，提高能力，从而在各个赛事中取得优异成绩。

第二节　影响健身性健美操训练的因素

健身性健美操训练是一个可控制的训练过程，系统控制是科学训练的指导思想和最佳方法。教练员、运动员、训练的内容与方法及训练的客观条件是构成这一系统控制的四个主要因素。

一、运动员因素

运动员是训练的对象，运动员的训练方法直接关系着训练的最终成绩。健身性健美操运动员的个人因素包括：运动员身体健康、伤病状况及生理特点；身体形态的发展变化；运动员的一般身体素质；运动年龄；运动员的心理品质及个人行为特点；艺术表现力和创造力；对健身性健美操的热爱与追求等。

二、教练员的因素

编排在健身性健美操比赛中占非常大的比重，因此对教练员的要求很高。教练员因素包括健康状况、专业知识的深度和广度、掌握先进教学训练方法的程度；教练员的知识水平、经验及事业心；教练员的预见性、丰富的想象力、创造力及组织编排能力；教练员是否具有启发和调动运动员积极性的能力；教练员的说服教育能力和管理能力；教练员在比赛中的临场指挥能力等。

三、训练的内容与方法

训练内容是指在运动训练过程中，为提高某一能力、完成某一具体的训练任务所采取的练习手段。根据运动项目的特点科学地采用训练内容，才能促进竞技能力的提高。训练方法是在运动训练活动中，提高竞技运动水平、完成训练任务的途径和办法。大众健身性健美操训练涉及的面较广，因此训练内容的选择要全面、系统，具有科学性和可接受性，训练方法的选择要先进、科学、合乎运动员的技术水平，切实有效，才能较好地完成训练任务。训练内容和方法的科学性、有效性直接影响着健美操训练的成绩。

四、训练的客观条件

训练条件主要包括：国家对健美操项目的重视与关心；国家固定的健身性健美操运动

等级制度、教学训练大纲、竞赛制度；训练的教练员与场地、器械的条件；科研工作者的积极配合；科学的管理制度；必要的经费、医务监督、运动后恢复手段；家长和学校对训练工作的支持。

以上四个因素必须处于正常状态，才能达到预期目的。

第三节 健身性健美操训练的特点

一、训练内容专门性与多样性的对立统一

健身性健美操属于难、美技能类项目，提高专项技术和技能是训练的重点，提高运动员的能力是训练的最终目的，训练时必须体现训练内容的专门性，要进行专门的专项技术和身体素质的训练。同时，健身性健美操又是一项综合性的运动项目，它涉及体育与艺术两大领域，训练内容多样。它以体育为核心，带有强烈的艺术性，包括健身性健美操、表演、音乐、舞蹈、健美等内容，体现了专门性和多样性的对立统一。

专项技术与身体素质的训练内容是依据《健身性健美操规则》中成套动作的要求而制定的，健美操的操化动作、专项素质与技术动作、难度动作是健美操训练的核心内容。

健身性健美操以人体动作为表情达意的艺术表现方式，以具体可视的形象高度显示出人的灵巧、力量、智慧，以及人对自然的征服和支配的创造能力，同时也表现了人的思想感情和精神风貌。在健身性健美操比赛中，运动是内在精神气质和外在动作表现的统一，是表演艺术水平的体现。运动员通过面部表情和自身的表现力，融合音乐及形体动作来展示健美操项目的艺术内涵和意境，感染观众，体现艺术表现美。健身性健美操发展到今天，要想在比赛中取得较好的成绩，就必须提高运动员的表现力，不仅要对情感变换有极强的表达能力，同时对周围的事物也要有超常的感知能力与表达能力。因此，要专门开设表演训练。

音乐被称为健身性健美操的灵魂，音乐运用得完美与否直接影响着成套动作的整体效果。健身性健美操的音乐不同于一般性音乐，它具有本身特有的形态。音乐主要用来烘托成套动作的效果与气氛。音乐与动作是紧密结合的，动作既是对音乐情绪的一种表现，也是通过音乐的气氛对动作本身进行情绪上与力度上的烘托与渲染。任何一个动作的艺术都存在于一种音乐情绪的表现之中。因此，了解必要的音乐知识，有利于运动员对音乐的理解与表达。

在动作连接上，健身性健美操的动作要更富有韵律感与流畅性，同时有相当多的动作与舞蹈动作密切联系，或是从舞蹈动作演变而来的。舞蹈训练课可作为培养运动员良好姿态与肌肉控制能力的辅助内容。由于项目特点，健美操运动员应该具有强健的肌肉、匀称的身材比例、优美的线条。成套难度动作要求运动员的肌肉抗阻能力超出常人，因此，肌肉健美训练十分重要。

二、体能与技术环节的紧密结合

基于健身性健美操的快速发展和《健美操竞赛规则》规定，运动员要在大于 24 次/秒的

音乐节奏下完成成套动作，即使是静力性动作也需要动用大量的体能来完成。科研人员对20名平均年龄在21～25岁的健美操运动员进行即时心率测试。在完成1分45秒左右的成套动作后（采用《健美操竞赛规则》），平均心率为190（正负5）次/分钟，接近运动员的最大心率值，个别甚至超出最大值，这证明健身性健美操成套动作的强度是非常大的，需要运动员具有远远超出常人的速度、力量、能量代谢，以作为完成成套动作的坚实基础。因此，要重视运动员体能的训练。

要想准确地完成成套动作，除了需要体能作为保障外，在整套动作过程中，健身性健美操动作过程自始至终需有鲜明的节奏感，重心位置沿身体重心垂线上下移动起伏，动作节奏与音乐节奏相结合，通过髋、膝、踝的自然弹动，将身体与地面的反作用力柔顺地以步法形式表现出来。无论动作怎样复杂多变，整个身体始终控制在正确的位置，即使在长时间复杂多变的步法组合过程中或动作中，整个身体的正确姿态也不被破坏，为此，运动员要掌握良好的竞技健美操专项技术。在健身性健美操训练中体能训练和技能训练紧密结合是一大突出特点。

三、体能与智能的紧密结合

成套动作的艺术性应包括：动作设计、表演、音乐、队形和空间的运用。创造性教练员在为单人项目运动员设计成套动作时，首先应该考虑运动员的性格特点和气质。从运动心理学的角度看，气质上的差异是运动员在运动竞赛中的一个本质特征，它影响着个人情感的表现。表现性是健美操运动员精神气质和外在动作的统一。了解运动员的性格特点和气质，掌握运动员的表现风格，专门设计适合运动表现的动作，是创编健身性健美操单人项目的前提，也是教练员首先要做的工作。成套动作的风格特色必须与运动员的性格、表现、特长相一致。性格开朗、外向型的运动员可以选择较为热烈奔放的动作；性格较为内向的运动员可以选择一些较为小巧、细腻的动作。设计成套健身性健美操时还必须注意整套操风格特色的统一性，因为完成一套操的时间太短（1分40秒～1分50秒），风格特色展现太多，难免给裁判员、观众以目不暇接的忙乱感觉，如果重点不突出，风格特色动作就不能充分展示。风格特色动作应该贯穿成套动作的始终，前后呼应，突出动作的独特性，淋漓尽致地将运动员的风采展现出来。成套动作设计上要独具匠心，表现上要有强烈的自信、丰富的表现力和无可抗拒的吸引力。高超的创造能力是以灵感与知识水平作为铺垫的，自信是需要熟练的技术动作与自信心支持的，表现是靠理解力与表达力来展现的，由此而产生感染力。在成套动作中，体能是支持这方面的物质基础。有些运动员在成套动作的前半部分有丰富精彩的表现，而后半部分则心有余力不足，这就是体能不足的表现。因此，在健身性健美操的训练过程中，高体能与智能要紧密结合。

四、训练系统性与临时性的对立统一

由于健身性健美操的发展现状，特别是国内的情况，每年的健身性健美操赛事大致有：国家体育总局体操管理中心举办的上半年全国健身性健美操锦标赛，下半年全国健身性健美操冠军赛，国家教育部系统的大学生健美操，艺术体操协会举办的全国大学生健康活力大赛。

我国目前正处于经济的转型期，体育市场还不成熟。在健美操的训练方面，投资形式基本上以社会、集体、个人为主，因此，客观上又一定程度地制约了健美操赛事有规律的举行。随着专业化健美操运动队的建立，健身性健美操运动员的培养途径会增多。与此同时，健美操多元化的管理与不同规格的赛事的形成，使业余健美操和自由健美操的运动员在我国的健美操队伍中占有相当大的比重，很难形成长期的有规律的健美操训练体系与周期。面对如此现状，针对赛事的变更，应急性与临时性组队经常出现。在力所能及的前提下，建立适应具体情况的训练体系十分紧迫。那么，面对情况的变化，准备、基本、赛前、赛中、赛后等阶段的训练经常变化。因此，我国健身性健美操训练既具有系统性，又存在着临时性。

五、普遍性与针对性的对立统一

目前，国际健美操的赛事种类多，要求各不相同，规则的运用也各有差异，但健美操的基本内容及基本特点却是一致的。训练围绕着健身性健美操的基本特点展开，即动作的弹性与控制，这是健美操训练的普遍性。但是，由于健身性健美操比赛各个项目的设置主要从人数上与性别上加以区分，经常出现一名运动员身兼几项的情况，同时运动员的个人情况与参加项目的差异决定了训练的统一目标与个人之间的差异，出现了集体项目与个人项目训练冲突。因此，有针对性的训练必不可少。在健身性健美操训练中，产生了普遍性与针对性的对立统一。

第四节　健身性健美操训练的原则

健身性健美操的训练原则是根据人体活动的客观规律，以教育学和训练学原理对健身性健美操运动实践进行的科学总结和概括。它是健身性健美操运动训练一般规律的反映，对训练工作有着非常重要的控制和指导作用。训练原则在一定的时间内具有相对的稳定性，但随着运动实践的发展，其内容又会得到不断的充实和完善。

一、训练原则的前提条件

《健身性健美操竞赛规则》是衡量与评价运动员在赛场上表现的唯一准则和裁判员执法的唯一准则。只有很好地理解并遵循规则，才有可能在赛事中不出偏差。我国目前执行的是国际体操联合会下属的国际健美操委员会制定的2010—2013年版《健身性健美操规则》。

比赛中，依据规则对健身性健美操成套动作的艺术性、完成情况、难度三方面进行评价，因此，教练员必须准确理解规则，根据规则的要求进行成套动作的创编、创新，才能产生既符合规则要求又独特新颖的成套动作。运动员也必须了解竞赛规则，根据规则选择自己擅长的难度动作，力求完美地完成每一个动作。

二、一般训练与专项训练相结合原则

《运动训练学》指出"一般训练是指在运动训练过程中，以多种身体练习、训练方法和手段，全面提高运动员各器官的机能，发展运动素质，改善身体形态和心理品质，掌握一

些有利于提高专项技术的其他项目的运动技术与理论知识。"

"专项训练是指在运动训练的过程中,以专项运动本身的动作,以及与专项运动动作相似的练习,提高专项运动水平所需要的各器官系统的机能,发展专项运动素质和心理品质,掌握专项运动的技巧、战术、理论知识。"

健身性健美操的一般训练包括体育项目中的常规练习内容,如跑步、一般力量练习、一般柔韧练习、念动训练等。专项训练包括专项耐力、健身性健美操、速度、力量、控制、激情、表演练习、模拟测验等。

一般训练和专项训练有各自的目的、任务和相应的训练方法,既不能相互代替,又不能孤立进行,两者要相互结合,合理安排。

三、需要原则

健身性健美操的需要原则指根据提高运动员能力及运动成绩的需要,从实战出发,科学安排训练的内容、方法、手段及运动负荷等因素。健身性健美操运动员的竞技能力体现在完成成套动作的质量、运动员的表现力等方面,训练过程应围绕着这几方面有计划、有目标地进行。

健身性健美操成套动作是难度动作和操化动作有机、巧妙的组合。动作过渡与衔接需要包括节奏、空间、路线等方面的变化。动作质量是由运动员对机体的控制能力来体现的。完美完成动作的标准是操化动作准确、有弹性、连贯,肢体线条优美、自然、健康。运动员的专项耐力主要表现为轻松完成成套动作的能力。表现力是通过运动员生动有力、清晰的动作,以及富有激情的、丰富的、贴切的表情来展现。良好的心理状态能很好地帮助运动员在赛场上稳定发挥。

四、合理安排运动负荷原则

合理的运动负荷直接关系到运动员能力的提高。因此,在训练过程中如何掌握运动量与运动强度,设计健身性健美操特有的训练内容,使运动员能够尽可能地轻松自如地承受健身性健美操独特的运动强度至关重要。健身性健美操技术环节多,在承担高强度负荷的同时,要求运动员对身体各部分的支配与控制能力强,因此在条件允许的情况下,应尽可能进行系统训练,并在整个训练周期中安排不同的运动负荷;通过强度适应期—强度上升期—强度缓冲期—调整冲刺期—调整期的合理安排,形成有规律的运动强度曲线,这也是提高运动员专项耐力与承受负荷的最佳手段。

五、全面发展与针对性训练对立统一原则

健身性健美操是一项综合性很强的运动项目,它不仅要求运动员在体能(力量、耐力、速度、柔韧、灵敏、协调)方面有扎实的基础,同时也要求运动员在心理、文化、审美上有超乎寻常的标准。训练中,除了安排健身性健美操专项特有的内容外,还要有意识地安排相关的内容,如健美、舞蹈、表演、美学、艺术鉴赏等课程的学习,全面提高运动员的综合素质。

运动员个体间既有共性也存在着差异,要解决好共性与差异的矛盾。在训练过程中,要遵循全面发展与针对性训练对立统一原则。

六、系统性原则

健身性健美操虽然是一项年轻的运动项目，但项目本身日趋成熟，国际赛事繁多。特别是国际体育联合会成立了健美操委员会，使健身性健 4 美操的竞赛规则空前壮大，竞赛内容与规则日趋规范。在国家体育总局的组织下，健身性健美操一年一度的锦标赛与冠军赛有秩序地进行。

健身性健美操训练要有计划、有规律地在完整的训练体系下进行，以保证在竞赛中取得理想的成绩。其中，训练周期、任务、目的、内容的安排，合理的运动负荷，以及不间断训练等是保证系统训练的基础。

训练周期是根据不同赛事以及运动员的培养目标而建立的，首先要建立大型训练周期，也称之为发展期。不同的发展期（大周期）中又包含着若干个相关周期。

最初阶段称为入门期，时间约为两年，可以有目的地安排培养运动员良好体能、基本正常的姿态、正常的基本技术、稳定的心理状态、坚定的信念等相关内容，参加小规模的比赛或是在大赛之中设立阶段目标。在入门期，动作的规范与完成质量是第一位的。教练员不仅要用语言指导，更要主动、频繁地示范；以鼓励为主，建立运动员的自信心；纠正运动员的错误习惯与动作，培养他们吃苦耐劳的品质与团队精神。训练中要注意动作的规范性，讲解健美操的规律、特性，打好坚实的体能基础（专项耐力与力量）。在这一时期，教练员要多让运动员观摩，并对观摩内容有针对性的讲解，提高运动员的认识能力。

入门期之后为适应期，时间为三年，除了进一步安排体能、技术、心理训练的内容外，还应该增加表现力、动作变化规律、难度动作的发展等相关内容，以及一般性比赛、表演活动。教练员除了示范、讲解外，还应适当地给运动员自由发挥的空间，注意发展运动员的个体特点，扬长避短，逐渐形成运动员的个性与风格。操化动作训练要强调动作的变化与不对称性，在完成普遍采用的难度动作时，有意识地发展有个性的难度动作，探求难度发展的一般性规律。在表现方面，要进一步加强运动员的自信心，阐述动作表现与面部表现的一般规律。教练员应培养运动员互帮互学的风气，培养他们的观察力，经常对动作、套路、比赛进行分析，从而培养运动员的逻辑思维能力。

成熟期需四年左右，主要是突出发展运动员的专项能力（体能、技术、职能、表现）及个人能动性，发挥团队精神，在平时的训练和大型赛事中冲击健身性健美操顶峰。这一时期的主要任务是，发展超强的健美操竞技体能和新颖的难度动作，使动作具有强烈的吸引力与表现力，形成鲜明独特的成套风格。在成熟期，要具备成熟健康的心理承受能力。创新意识是至关重要的。教练员应与运动员进行频繁的思想交流，使他们建立广泛的兴趣、坚定的信念。在体能训练中，有目的、合理地安排超强度的体能训练内容，除了健美操组合动作之外，有目的地安排其他项目的内容，如舞蹈、技巧等。要发挥运动员自身的创造能力，由教练员把握方向，共同参与一般性训练、难度动作的发展与创编、成套动作的编排、社会活动等。

每个发展期存在着若干个周期，这些周期和整个发展期紧密相连，循序渐进。各个周期的任务要有明确目标，且是运动员力所能及的，在目标明确的前提下，合理地安排内容和运动量。健美操运动员系统训练计划表如表 14-1 所示。

表 14 – 1　　健美操运动员系统训练计划表

训练项目	训练目标	训练的主要内容	周训练时间	每次训练时间	训练的方法与手段	阶段时期
入门期	培养正确的身体姿势	1.基本姿态的培养 2.基本技术的学习 3.适当的体能训练 4.规范动作完成 5.加大体能训练	3次	90分钟	1.运动示范与讲解 2.多进行观摩 3.语言鼓励,提高运动员的训练兴趣	2年
适应期	达二级,一级水平	1.难度动作训练 2.表现力训练 3.加大操化动作的复杂性训练 4.心理训练 5.加大体能训练	6次	180分钟	1.多进行成套动作、比赛的分析 2.运动员发挥空间 3.鼓励运动员克服困难	3年
成熟期	达健将级,在国内外比赛中取得成绩	1.创新难度动作训练 2.突出表现力训练 3.个性风格动作训练 4.高体能训练 5.心理承受能力训练	12次	200分钟	1.经常进行思想交流 2.成套动作训练 3.其他相关项目训练	4年

七、小周期原则

小周期训练是指根据不同规格赛事以及不同赛事具体要求而进行的应急性训练。因此,在人员的选择、训练周期及计划、内容的安排上都应有不同的方式。总体来讲,应该选择那些有较好健美操基础、良好身体素质及协调性,特别是表现力较强的运动员,根据不同的赛事制定其训练计划,要极具针对性、有效性、有序性,以求取得理想的成绩。计划中要包含赛事规则中所要求的内容,尽量缩短准备时间,在训练中注意其特殊性。有效地实施训练计划是教练员的核心工作,根据不同情况与时间要求,周期安排应包括准备期、基本训练期、比赛期、恢复期(如表 14 – 2)。

表 14 – 2　　健美操训练小周期安排表

周期名称	训练任务	训练内容	运动负荷安排
准备期	1.恢复体能 2.初编成套动作	1.操化动作训练 2.单个难度动作训练 3.身体素质训练	运动量较大,运动强度较小。时间安排为一周3次,每次180分钟
基本训练期	1.修改并熟练掌握成套动作 2.提高表现力	1.半套、成套动作组合训练 2.专项耐力训练	运动量和运动强度都较大,每周冲击三次大强度训练。时间安排为一周6次,每次200分钟
比赛期	1.适应比赛环境和状态 2.调整体能,准备比赛	1.成套动作的操化训练 2.成套动作的单个难度动作训练	运动量和运动强度都较小。时间安排为每天120分钟
恢复期	消除生理上和心理上的疲劳	1.音乐欣赏 2.录像分析	休息调整

准备期——主要任务为尽可能快地恢复和提高体能，学习并尽快地掌握健美操的操化特性，选择难度动作，选择成套音乐，粗编成套动作。主要内容有身体素质练习、操化动作与基本技术练习、动作组合、难度练习、编排成套、恢复练习等。运动量应合理、适中。

基本训练期——主要任务为提高体能，适应赛事强度要求、修改成套动作、提高动作质量、熟练掌握成套动作、提高表现力、及时恢复体能。主要内容有专项耐力训练、单个动作练习、动作组合（成套）、细抠动作、半套练习、成套练习、恢复练习与手段。运动量要有起伏，应在逐渐上升的前提下，冲击两次以上的大强度训练。

比赛期——包括赛前、赛中、赛后三个阶段。主要任务为适应比赛环境与状态、做好心理准备、调整体能、以最佳状态参加比赛、及时进行思想工作与赛事安排、总结。

恢复期——消除运动员生理上和心理上的疲劳，完成比赛任务，准备后期工作。

第五节　健身性健美操的训练内容与方法

健身性健美操是一项难、美、高强度的体育运动项目，内容繁多，不仅对人的一般身体素质（力量、有氧耐力、无氧耐力、柔韧、协调、灵敏）有极高的要求，同时在心理、韵律感、表现、审美、抽象思维等方面也有较高水准的要求，因此，它的训练内容广泛、训练方法繁多。

一、一般身体素质训练与专项身体素质训练

体育运动以人体的基本运动能力为基础。运动能力便是通常所说的身体素质。身体素质包括柔韧、力量、耐力、速度、灵敏等。

（一）柔韧素质训练

首先做好准备活动，运动量和强度不应过大，以身体微微出汗及自己感到身体机能已充分调动起来为度。活动全身大小关节，目的是促进关节和周围的血液流动和关节内骨液的分泌，使关节更加灵活，防止关节损伤，重复拉伸对抗肌、协调肌及周围的韧带。

1. 发展上肢柔韧性练习方法

（1）各种徒手体操中活动肩、肘、胯关节的动作。

（2）双手捏肋木直臂压肩韧带。

（3）双手体后握肋木向前探肩。

（4）与同伴互扶俯身正侧压肩。

2. 发展下肢柔韧性练习方法

（1）正压腿：支撑腿脚尖朝正前方，膝关节伸直，胯关节摆正。被拉伸腿伸直，脚面稍外开，抬头、挺胸、曲上体。

（2）后压腿：胯关节摆正，屈支撑腿，被拉伸腿伸直，膝、脚面稍外开，抬头、挺胸、上体后仰压胯。

（3）侧压腿：支撑腿脚尖膝盖所朝方向与被压腿方向成 90°。膝关节伸直，胯关节充分展开，被拉伸腿伸直，脚面向上，抬头、挺胸、侧曲上体。

（4）劈叉控腿：左腿在前或右腿在前，以劈叉的姿势保持不动，控制五分钟，练习水平

高的运动员，可将两脚架高劈叉。

3. 发展躯干柔韧性方法

（1）体侧屈：双脚并拢或开立与肩同宽，双手举起止于头顶或互握，由手带动躯干，侧屈直到极限，保持该伸展状态十秒钟。

（2）体侧转：双脚并拢或开立与肩同宽，两臂侧平举，向左转动时，以左肩带动躯干，左转到最大限度控制十秒钟，向右转时，以右肩带动躯干，右转到最大限度控制十秒钟。

（3）体后屈：两手正握肋木，双腿并拢或开立，与肩同宽抬头挺胸、上体后仰到最大限度保持十秒钟。

在进行柔韧性训练时不要用力过度，要循序渐进，伸展动作要缓慢，切忌匆忙。训练前后都要做伸展运动，训练前是为了防止受伤，训练后是为了放松消除疲劳，练习时要使被拉伸的肌肉有轻微不适感，然后完全放松。反复做几次。

（二）力量素质训练

健美操运动对运动员的力量素质有较高的要求。《健美操竞赛规则》规定，运动员必须从列入表中的各种难度动作中选择六个难度动作，裁判员对达到最低技术要求的动作进行评分。如跳跃类动作最低要求是：俯撑着地，除手脚外，任何部位不得触地，这要求运动员具有良好的上肢力量和腰腹力量。另外，运动员在移动中完成创造性的各种托举、支撑配合动作不仅需要运动员具有较强的身体控制能力，而且对运动员的绝对力量也提出了较高的要求。

1. 上肢力量

（1）一般力量练习——横握杠铃或哑铃做臂屈伸（肱二头肌）、上举杠铃或握哑铃做臂屈伸（肱三头肌）、负重屈腕（前臂肌）、杠铃上举（三角肌）、撑双杠做臂屈伸（肱三头肌）等。

（2）专项力量练习——基础训练阶段：俯卧撑、俯撑击掌、双杠支撑摆动、双杠支撑移动、双杠屈臂撑、倒立推、倒立爬行等。

（3）专项提高阶段：计时的单臂俯卧撑、负重俯卧撑、自由倒地成俯撑等，各种跳起成俯撑的动作练习。

2. 下肢力量

（1）一般力量练习——负重蹲跳（肱四头肌）、负重提踵（腓肠肌、比目鱼肌）、立定跳远、跳绳等。

（2）专项力量练习——基础训练阶段：原地连续纵跳、连续团身跳、10～20米的单脚或双脚连续跳、原地屈体分腿跳等。

（3）专项提高阶段——原地连续屈体分腿跳，负重屈体分腿跳，扶肋木前、侧、后方向快速踢腿，连续科萨克跳或连续吸腿跳。

3. 躯干力量

（1）一般力量练习——单杠引体向上（斜方肌、背阔肌、菱形肌）、硬拉（背阔肌、前锯肌）、仰卧两头起、悬垂举腿、仰卧起坐等。

（2）专项力量练习——基础训练阶段：专门性控腹练习、分腿支撑、直角支撑等。

（3）专项提高阶段——分腿支撑和直角支撑转体等。

4.手腕关节的力量训练

在健美操成套动作中，有许多高难度的动作，如要求运动员从空中直接落到地面，落地时用双手、单手或手脚并用的方式接触地面，这就增加了腕部损伤的可能。据统计，在健身性训练中，腕部受伤是最严重的，占 86.7%。因此，加强手腕关节的力量训练是不容忽视的。常用的方法有推小车、控倒立、倒立爬行、连续俯卧推跳及负重手腕屈身练习等。

（三）耐力素质训练

健身性健美操耐力训练以有氧代谢为基础，机体在有氧或氧供应较足的情况下，由磷酸元系统和糖元酵解供的代谢形式供能。运动刚开始时，肌肉的能量由 ATP、CP 分解供应，这一时期能量进入糖元酵解供能阶段，此供能系统是持续进行 2～3 分钟大强度运动的主要供能系统，从运动生理学角度分析，属于乳酸供能系统提供的能量。训练时，我们采用 80%～90% 的训练强度，将心率控制在 180～190 次/分，采用一次练习持续 1～2 分钟之间的计时跑、连续踢腿或连续完成成套动作的方式进行肌肉耐力训练。

（四）速度素质训练

健身性健美操的速度素质主要体现为动作速度的快慢。动作速度是指人体或者人体某部分快速完成某一动作的能力。健身性健美操训练运动员要高速完成复杂多变的各种动作。在进行动作速度训练时，必须注意提高速度要与掌握、保持正确的运动技术紧密结合，在动作技术正确的前提下提高速度。训练方法主要有：

（1）专门性动作速度训练：连续 4×8 拍快速大腿踢，连续快速屈体分腿跳等。

（2）反复完成某一操化动作：要求在动作技术正确的前提下尽快到达运动结束位置，练习肌体的爆发力及控制力。

（3）利用外界助力提高运动速度：教练员给予助力让运动员体会快速完成动作的感觉。

（4）负重训练：进行四肢负重训练，一段时间后，运动员的动作速度将有明显的提高。

（5）加快音乐节奏训练法：在较慢的速度下完成一段操化动作，随着动作的熟练加快音乐节奏完成动作，这是健身性健美操操化动作训练的特色内容。

（五）灵敏素质训练

灵敏素质在健身性健美操训练中主要表现为身体的协调能力。协调能力是指运动时，机体各器官系统、各运动部位配合一致完成练习的本领。健美操是对人体协调能力要求极高的运动项目，在训练中以各关节的灵活运动为基础。

（1）步法训练：首先学习比较简单的步法，逐渐加大难度，增加更为丰富的步法动作，训练腿部的运动协调性，然后配合音乐进行练习。

（2）手臂训练：首先进行臂屈伸、内收和外展，臂旋转和环动，臂旋内和旋外，臂上回旋和下回旋，掌心向上和向下，拳与掌的变化等基本动作的练习，将手臂基本动作加以编排，连续进行整套手臂组合运动训练，最后通过音乐完成手臂组合运动。

（3）上下肢配合训练：将步法组合动作与手臂组合动作结合起来，通过上下肢协调配合完成动作。可采用逐步提高其协调性的方式，首先步法动作保持不变，配合手臂动作，然后两拍一动完成步法与手臂的配合，熟练之后再一拍一动完成上下肢的配合动作。

（4）躯干及肩、髋关节的协调训练：首先做左右依次提肩、同时提双肩、左右依次前后绕肩和双肩同时绕等肩关节运动，然后做顶髋、绕髋、移髋等髋关节运动，再做躯干前后左右移动练习。三个部位先分别进行训练，然后编成组合动作同时训练，以提高躯干、髋关节的灵活性。

二、专项基础技术训练

竞技性健美操的基础技术有弹动技术、身体控制技术、平衡与重心转换技术、与同伴配合与交流训练等。

（一）弹动技术训练

弹动技术是健美操最重要的技术之一，它体现了健美操最基础的特征，也是用以区别其他运动项目的重要特点之一。健美操的弹动主要由踝、膝、髋关节的屈伸缓冲而产生，它的作用是减少运动对关节的冲力，从而减少运动对人体造成的损伤。在屈伸过程中，腿部的肌肉要协调用力控制才能有效地防止损伤与产生流畅的缓冲动作。参与运动的肌群在整个过程中要控制，使运动变得流畅。

在练习弹动缓冲动作时，可以先练习踝关节的屈伸运动，练习方法为：双腿原地直垂，身体正直，立踵、落踵。在充分掌握了踝关节的屈伸之后是膝与髋关节的弹动练习，练习方法为：双腿原地直立，身体正直，屈膝半蹲，膝关节垂线不要超出脚尖，同时髋关节稍屈。在做髋关节运动时，身体稍向前倾但臀部不要向后翘。这两部分的动作做熟练后，可以把两部分连起来做，使之形成完整的弹动与缓冲。在踝关节的缓冲过程中，主要参与运动的是小腿后部肌肉群，而膝关节、髋关节的运动主要由大腿、臀部、腹部、腰部肌群参加。在完成各关节原地弹动训练后，再配合健美操的基本步法进行弹动训练。

训练方法如下：

（1）踏步训练：首先进行一般性踏步训练。上体直立，由脚尖过渡到全脚掌落地，支撑腿落地时关节伸直，两臂屈肘于体侧，前后自然摆动。然后进行弹动踏步训练，脚尖接触地面后，踝关节有控制地过渡到全脚掌，支撑腿落地时膝关节弯曲，使两腿有同时屈膝的过程，两臂屈肘于体侧前后自然摆动。

（2）弹踢训练：弹踢时，支撑腿膝踝关节弹动缓冲的同时弹踢腿经屈膝发力弹踢，按动作要领单腿不断地弹踢，然后双腿交替练习。在两条腿交替弹踢的过程中，支撑腿踝关节始终保持不落地的状态，原地动作练得熟练且有一定弹性时，可以进行行进间的弹踢训练。

（3）吸腿跳和跳踢腿训练：主要训练支撑腿膝、踝关节的弹动性，支撑腿膝、踝关节发力弹动的同时，另一条腿提膝或大踢腿，支撑脚踝关节不完全落地，有控制地弹动，膝关节也没有完全伸直的过程，始终保持微屈的弹动状态。先连续吸或者踢一条腿，之后再进行交换腿吸腿跳和跳踢腿。

（4）开合跳训练：两腿的弹动性体现在两腿分开与两腿并拢的两边弹动上。先做两腿飞开位置的弹动训练，再做两腿并拢位置的弹动训练，最后进行一开一合的连续开合跳练习。

以上四种髋、踝关节的弹动训练，都存在脚尖完全离开地面的状态，所以训练中应该注意脚落地时的缓冲训练，以提高整体动作的弹动性。

（5）原地髋、膝、踝关节弹动性训练：两脚并拢，脚尖随着音乐节奏抬起落下，同时膝关节伸直、弯曲，脚跟始终不离开地面，两臂屈肘于体侧，前后自然摆动做踝关节屈的练习。

（6）原地连续小纵跳训练：两腿并拢，脚跟随音乐节奏抬起落下，脚尖离开地面，两臂屈肘于体侧前后自然摆动，做踝关节屈伸的练习。

（二）身体控制技术训练

健美操身体控制技术训练包括身体姿态控制训练、操化动作控制训练与难度动作控制训练三个部分。

1. 身体姿态控制训练

健美操的身体姿态是根据现代人的人体与行为美的标准而建立的。通常人体在运动时保持自然挺拔，头部稍稍昂起，颈椎、胸椎、腰椎在保持正常的生理曲线的情况下要挺拔（不包括特殊动作与难度缓冲等动作），四肢要按照具体的动作要求在相应的位置上。最常见的有站立——躯干保持上面所说的状态，双腿并拢伸直；蹲——躯干保持上面所说的状态，臀部收紧，整个身体垂直于地面，屈膝。手臂的基本位置同基本动作要求。健美操的动作千变万化，但每个动作都有具体的要求，从总体上讲，伸展时尽可能地平直，弯曲时有明确的角度。

身体姿态的训练方法一般是采用舞蹈训练，通常采用芭蕾的训练方法来培养运动员的躯干与四肢的正确姿态与控制能力。在采用芭蕾训练时，应认识到健美操与芭蕾的区别：芭蕾要求头是昂起的，而健美操则要求头部与躯干保持在一条直线上；芭蕾要求手臂动作柔和的弧线，而健美操的基本动作则要求平直；芭蕾要求双腿外开，而健美操则要求双腿保持在正常的生理位置上。

2. 操化动作控制训练

在整套动作过程中，无论动作怎样复杂多变，身体始终要控制在标准、健康的位置，即便在长时间复杂多变的步伐组合过程或动作中，也要保持整个身体的标准姿势不被破坏。同时体现出操化动作的力度、幅度和速度。每个操化动作有清楚的开始与结束，动作开始位置准确，结束时有明显的停顿肌肉的用力，要做到有力而不僵硬，松弛而不松懈。操化动作控制训练可以在基本步法的技术要领掌握后，充分运用多变的形式来训练。

训练方法如下：

（1）原地纵跳训练：两脚并拢，屈膝发力向正上方跳起，两臂顺势从腰间向上摆动，落地于原起跳位置。此训练方法着重训练人体对身体重心上下移动的掌握与控制。

（2）剪刀跳练习：左右剪刀跳连续进行，身体重心始终保持左右平移而没有上下起伏。在练习时，首先两脚都不离开地面，通过两膝关节的一次屈伸向左右平移身体重心，然后加上跳步进行剪刀跳的训练。

（3）改变动作数量的训练方法：增加动作数量，要求每个动作做到最后一遍身体重心控制仍保持做第一遍动作时一样。例如，训练时要求运动员做一组8拍组合动作，在运动员掌握动作的前提下先做两遍，如果运动员对身体重心的位置控制得很好，那么增加练习的组数、次数，连续做8拍组合四遍，后两遍组合动作的完成是为了提高运动员对身体姿态的控制。

（4）改变动作幅度和方向的训练方法：通过改变动作的幅度和方向来提高对身体的控制。首先采用小幅度向单一方向进行练习，逐渐加大动作幅度仍向单一方向进行练习，在动作幅度加大而不影响重心位置控制的情况下改变动作的运动方向。

（5）改变音乐节奏的训练方法：采用节奏速度慢的音乐来完成组合动作，然后采用节奏较快的音乐完成同样的组合。另外，可采用音乐节奏不变，但加快动作速度的方法。例如，用某一音乐节奏完成 1 个 8 拍动作，然后加快动作速度，仍用原音乐节奏完成 2 个 8 拍动作，以此提高身体姿态的控制能力。

3.难度动作控制训练

（1）俯卧撑类：这类动作主要的用力肌群在手臂、胸部、背部，用力时，肌肉要始终控制用力而把动作的起伏过程表达清楚。颈部、腰部、腹部、臀部、腿部属于辅助控制肌群，它们使身体保持正确的位置，肌肉的牵拉使机体保持一种平衡状态。

（2）跳跃类：跳跃动作可分为三个部分。

第一部分——起跳。起跳时腿部的发力直接决定了腾空的高度与方向。腿部在瞬间屈膝蹬地，强力伸展，尽量使人体给地面的作用力达到最大值，从而产生尽可能大的作用。

第二部分——空中姿态的控制。空中姿态是多姿多彩的，肢体运动部位的发力要与其他部位协调配合与控制，例如：转体 540° 成俯撑，在空中手臂、肩、腿、脚要同时向旋转方向内扣，使身体产生旋转力，同时也可以很好地控制转体的角度与方向。

第三部分——落地缓冲。主要目的是减少地面对关节、肌肉、内脏的冲力，避免造成损伤与动作失败。健美操的落地动作主要有：

① 双腿同时落地或单脚落地。这类落地主要由腿支撑与缓冲，落地过程为脚尖—全脚—屈膝—屈髋，在瞬间依次完成，用以分解地面对人体的反作用力。同时，躯干与手臂保持好姿态，肌肉用力控制以保持动作的正确与稳定。

② 落地成俯撑。这类动作必须手脚同时落地，以加大支撑面，同时手臂从手指—手掌—肘—肩弯曲缓冲。胸、背脊的用力收缩在缓冲中的作用是不容忽视的。

③ 落地成叉。双腿由脚带动向两侧快速分开，腿必须伸直有控制地划叉，以免对膝关节造成损伤，绷脚可减少摩擦力，同时手臂可以辅助支撑加大支撑面，保证落地的稳定性。

（3）平衡动作：平衡动作主要有静力性平衡与动力性平衡两种，无论是哪种动作都由主力腿（支撑腿）与动力腿（运动的腿）为主参与动作。主力腿在动作中起着稳定重心与支撑身体平衡的作用。动力腿是展示动作的部分，它的形态要正确与完美，且两条腿要协调配合。

（4）转体翻转动作：技术环节是身体垂直与水平轴的建立与控制，转体的轴主要是腿、躯干、头部的组合。这些部位应该始终保持在一条直线上。转体与翻转的动力来自于身体两侧（左、右），这些部位包括手臂、胸、髋、腿，它们同时反向收缩并带动产生旋转力。

（三）平衡与重心转换技术训练

人体运动的过程要稳定。在进行健身性健美操练习时，人体的平衡是保证运动安全与平衡、流畅的重要因素之一。重心随着人的运动产生变化，运动中应该尽可能地保持重心平衡。保持重心平衡的训练方法为：

（1）加大支撑面积。利用支撑面的变化加大支撑面积，双腿比单腿稳定，双腿开立比并拢稳定，双臂与双腿同样的宽距离支撑比窄距离支撑稳定。

（2）降低重心。运动中重心越低稳定性越强，直立比腾空稳定，半蹲比直立稳定

（3）重心偏离的稳定。运动中人体重心不可能永远平稳，它随着运动方向的各种力而

变化(变化人体本身的发力与外力)，而人体在生理机能上有平衡补偿功能。在运动中重心偏离一方时，可以利用肢体的伸展与收缩来使重心发生变化，同时可以利用运动机能肌肉的发力与控制来进行调节，如肌肉的反向用力与肌肉收缩产生的牵拉等。在某种意义上，人体的平衡—失衡—再平衡的过程，造就了健身性健美操的惊险美、运动美。

(四) 与同伴的配合与交流训练

1. 配合训练

训练方法：在集训项目中，成套动作必须体现动力性的身体配合和托举等配合动作。在进行配合训练时，首先采用一些比较简单的专业辅助性练习，增加运动员之间的默契感，例如先做简单的舞步配合练习和简单的动力性配合，然后逐渐加大难度进行训练。默契感的形成依靠运动员平时的相互了解。

训练要求及注意事项：配合训练前期，主要进行运动员间的默契感训练。运动员之间的默契感形成后再进行专业的配合训练。在进行配合训练时，教练员应注意保护和帮助，首先在垫子上完成，直到运动员配合成功率较高时再到地面上完成，以防运动员受伤。

2. 交流训练

训练方法：首先进行音乐情绪表达的一致性训练。运动员们听到音乐后，通过自己的理解用音乐与音乐情绪相符的目光将音乐的内容表达出来，尽可能达到目光与音乐情绪相一致。然后进行运动员之间的目光交流，运动员们相互观看表演，了解同伴的特点，统一表演风格。在进行成套动作训练时，加强运动员之间的目光交流，以丰富成套动作的动作内涵。当运动员间可以进行一定的目光交流时，可组织观众观看，训练运动员与观众的交流。

训练要求及注意事项：在健身性健美操比赛中，要求运动员能够持续通过目光，以真诚自然的面部表情和身体的活力与观众交流，重点强调运动员目光表达的一致性和真诚。教练员也要对音乐的理解给予一定的揭示及引导。

三、难度动作训练

健身性健美操成套动作所选择的难度动作必须体现出空中、站立和地面三个动作空间的均衡性，必须包括以下四组难度动作中的一组：

(1) 俯卧撑、倒地、旋腿与分切；

(2) 支撑与水平；

(3) 跳与跃；

(4) 柔韧与变化。

1. 俯卧撑类难度动作的训练方法

加强上肢及腰腹躯干的力量训练。例如，做标准的俯卧撑 30 个，接着保持俯卧撑姿势控制 1 分钟。然后了解俯卧撑类难度动作的动作要领，根据不同的动作要领进行学习和训练。一般要由易到难。例如，训练单臂夹肘俯卧撑，要使运动员体会整个身体由单臂和双脚支撑，双脚之间距离不大于肩宽，支撑臂的肘关节对准脚尖方向。可先做标准俯卧撑，再用一臂协助完成单臂三点俯卧撑，一臂协助完成单臂夹肘俯卧撑，最后不用协助臂完成单臂夹肘俯卧撑。

2. 倒地类难度动作的训练方法

首先训练着地的控制与缓冲。双腿屈膝跪立地面，上体直立前倒，屈肘，五指着地过渡到手掌缓冲落地。然后练习双脚并拢直立前倒，同样体会落地时手臂的控制与缓冲。最后练习加转体成俯撑的落地动作。在腾空落地时，手脚必须同时落地。

3. 旋腿与分切类难度动作的训练方法

做髋部挺伸的练习时要抬头挺胸，掌根撑于地面，髋部挺伸，脚跟触地。然后做利用爆发力摆腿的练习，协调发力完成动作，最后完成完整的旋腿与分切动作。

4. 支撑类难度动作的训练方法

加强上肢及腰腹、髋、腰肌力量的训练。臀部着地，双腿并拢举起，胸部尽量往膝关节处靠拢，在极限位置保持不动，然后做简单的分腿支撑和直角支撑练习。尚不能完成者，可用脚尖着地先撑起臀部，然后再训练支撑转体的动作。先练习分腿或直角支撑左右手倒重心，再由脚尖摆动带领腿转动，然后左右手倒重心完成支撑转体，最后在此基础上发展新的难度动作。

5. 跳跃类难度动作的训练方法

先在地面上进行空中姿势的练习，再进行起跳训练，发展踝关节的爆发力，做原地纵跳练习。然后收紧全身肌肉，立直脊柱，进行空中转体训练或各种跃起后的空中动作训练，再进行从并步起跳接空中动作到落地的完整练习，最后做空中动作成俯撑的练习。此类难度动作多采用分阶段练习，各阶段练习成功率较高时再进行下阶段训练，以免受伤。

6. 柔韧性与变化类难度动作的训练方法

首先发展身体各关节的柔韧性，然后根据不同动作的要领尽心训练。例如，依柳辛的训练方法是，先做后踢腿练习，然后做垂直劈腿练习，要求髋关节展开，膝盖伸直，脚尖带领腿往后上方摆动，然后支撑腿脚尖立踵，摆动腿带动身体运动，上体尽量靠近支撑腿膝盖，完成依柳辛动作。

健身性健美操难度动作的完成依靠良好的身体素质，因此在进行难度动作训练时，首先应抓好运动员身体素质的训练，同时也必须掌握每组难度动作的要求和每个难度动作的动作要领，科学地进行训练。

四、过渡与连接动作的训练

健身性健美操成套动作通过过渡与连接动作灵活、流畅地展示空中、站立、地面动作的相互转换。过渡与连接须体现成套动作的整体连续性。

单个的空间地面过渡动作训练要注意对身体重心转换时的控制。进行跳跃类难度动作的特殊过渡动作训练时：一个并步跳接两步跑，再一步接双脚起跳。

（1）进行爆发力及力量与柔韧的过渡动作训练。注意训练起跳时不同的手臂动作。

（2）难度动作的起跳逐渐向无准备过渡。

（3）过渡动作体现身体平面变化的训练。

五、集体项目的一致性训练

集体项目成套动作的训练要突出一致性。

（一）口令训练法

按照教练员的口令，使运动员在集体项目中从各个方面做到一致。

1. 目光的一致性训练

运动员同时注视一个目标，进行目光定位的一致性训练。运动员要用同样的眼神表达同样的感情，然后进行目光移动速度的一致性训练，要求运动员注视同一个目标，而后用口令要求运动员同时移动目光注视另一个目标。

2. 动作幅度和角度的一致性训练

按照教练员的口令指示，在镜子前，几位运动员同时开始做动作，一拍一停顿，固定每一拍的动作，包括从起始位置身体各部位的形态，到结束身体各部位的形态，使运动员有良好的动作空间感。然后加快口令速度，四拍一停顿，要求每位运动员的动作与每拍口令相吻合，训练运动员动作幅度和动作速度的一致性。而后离开镜子，按教练员的口令做动作，最后配合音乐完成动作。

3. 动作速度的一致性

通过教练员的口令提高运动员反应能力，要求运动员听到口令后同时开始做动作，即训练动作开始的一致性。如教练员喊"1"时，运动员同时快速做两臂前平举，教练员喊"2"时，运动员同时快速做两臂侧平举等。而后加强运动员控制能力的训练，即动作结束的一致性。控制能力的提高以身体素质的加强为基础，特别是对四肢的力量训练。通过训练开始动作和结束动作的一致性来提高动作速度的一致性。

4. 位置的一致性训练

在集体项目中，位置的一致性指的是在成套动作训练时运动员之间身体距离的一致性。先做一些简单的步法移动，规定运动员之间的间隔距离，要求运动员始终保持这一距离。比如，在做运动之前确定运动员之间的相对位置，规定运动员之间间隔一臂距离，在运动员做完步法组合动作后再测量运动员之间的相对位置，看是否仍保持一臂距离。反复进行练习，直到运动员能有效控制相对位置，然后再进行复杂的步法移动训练，最后完成集体项目的动作组合。

5. 手型和脚位的一致性训练

健身性健美操动作包括很多手型和脚位的变化。先进行单个动作的姿态训练，再将成套组合动作中的手型和脚位单独提取出来进行训练，直到每位运动员都能准确完成，再结合成套动作进行训练。

6. 腾空高度的一致性训练

腾空高度的一致性是体现运动员难度动作完成的一致性中最重要的环节。先进行起跳动作的训练，统一支撑腿、发力腿，保证运动员发力方式的一致。教练员运用口号指挥，做上步起跳的练习。然后进行原地纵跳训练，要求运动员同时尽力向上跳。运动员的弹跳能力存在差异可要求弹跳能力稍好的运动员稍作控制，弹跳能力较差的运动员尽力，以减少运动员腾起的高度差，保证腾空高度的一致性。最后完成有腾空高度的难度训练。

7. 转体速度的一致性

难度动作中有许多转体的动作，要注意启动及转体频率的一致性训练。以并腿直角支撑转体的训练方向，先做并腿直角支撑动作一致性训练要求运动员同时撑离地面。然后做原地支撑到换手移重心的频率训练。当运动员能同时同步完成倒换手时，再进行支撑转体训练。训练时，规定转体 360°换手四次，每 90°换手一次。随着运动员训练水平的提高，可减少倒换手的次数。

训练要求注意事项：教练员要掌握运用口令训练的技巧，同时运动员要听从教练员的口令指挥。开始运用口令时速度稍慢一点，一拍一拍地细化每位运动员的动作规格，然后逐步加快口令速度，使运动员的动作与每拍口令吻合。

（二）录像分析法

训练方法：用录像机将运动员成套动作拍摄下来，然后组织运动员观看，让运动员直观了解自己完成动作的情况，自己与他人动作的差别，以加强训练的针对性。教练员应运用自己的专业知识分析运动员们在集体项目中的表现，个别运动员与其他运动员动作不一致的原因，包括动作角度、速度、幅度、腾空高度及转体速度等。

训练要求及注意事项：在运用录像分析法时，教练员必须注意观察运动员的每一个动作规格与其他运动员的差别，运用专业知识分析原因。每隔一段时间进行一次，比较每次训练的效果，直至达到理想的效果。

六、性格、心理、表现力的培养与训练

健美操起源于 20 世纪，发展于 20 世纪末期，具有极强的时代气息。它的个性表现与团队精神、主流文化与多元文化是相互交融的。健身性健美操具有非常高的艺术性与感染力，因此，运动员要有外向及乐观的性格、百折不挠的精神与丰富的表现力。这方面的训练内容正在探索中，大致可分为几个方面：第一，培养善于表现与迎接挑战的性格；第二，提高自信、稳定的心理状态；第三，提高吸引能力与表现力。

（一）性格培养

在日常学习中培养独立思考的习惯，建立逻辑思维，鼓励运动员勇于承担责任、发表个人意见及相互合作，有意识地让运动员自己完成一些事情。在需要帮助时给予他们适当的协助与支持，要求他们善始善终，建立自信心，尽可能地挖掘主观能动性，经常进行考核小竞赛，及时总结并肯定每位运动员的具体进步与收获，提出希望，使他们具有成就感，从而建立自信。教练员要经常与运动员进行交流，创造轻松的氛围。

（二）心理训练

自信是表现与提高稳定心理状态的前提。运动员在做任何事情时，教练员先提出要求，并以鼓励为主，批评为辅，提出批评时要使他们感受到善意。要及时鼓励，及时提出新要求，将运动员的优势尽可能地展示在众人面前，使他们建立自信心；改变环境以提高适应力；提出口号以建立自信与稳定的心理状态；采用集体练习使他们具有安全感与依托感；个人单独练习培养挑战心理与适应能力，请专家评审、打分；参加表演以提高心理稳定值。

（三）表现力培养

表现力培养可通过朗诵、小品、哑剧、舞蹈、组合、套路等来实现。表现力有肢体表现与表情表现两类。

1. 肢体表现

成套动作是表现力的载体与基础。没有健身性健美操肢体动作就根本谈不上表现力。专门的长期基本功训练能使健身性健美操动作达到一定的力度、规范、协调，但关键是训练运动员的专业技术和身体素质，以及扎实的基本动作。

2. 表情表现

表情是表现力不可缺少的部分。一名优秀运动员的临场表现是精心训练得来的。人的表情分布在面部的眼、耳、鼻、口周围，表情肌的运动变化构成了喜、怒、哀、乐。

（1）多观看舞蹈、艺术体操等相关项目的表演，吸收利于发挥自身表现力的技巧和方法。

（2）进行专业表情肌的训练，通过听音乐、理解音乐，将想表达的内容表现于面部。

七、成套动作训练方法

（一）先分解后完整训练法

训练方法：先将成套动作的难度动作和操化动作分开训练，然后进行完整的成套动作训练。以首先进行难度动作再进行操化训练为例：

（1）难度动作训练：一般采用由易到难的原则，即在一堂训练课上先进行难度动作训练，使运动员巩固已掌握的难度动作，再进行还不完全熟练的难度动作训练，掌握技术要领，具备身体素质训练，直到运动员能够独立完成成套动作中的所有 12 个难度动作。

（2）操化动作训练：教练员根据运动员自身特点及表现风格编排适合运动员的操化动作。首先训练运动员对操化动作的熟练性和动作规格的标准性，然后对该套操化动作进行内涵风格的理解训练，使运动员能够更好地表现操化动作的风格特点。

（3）难度动作与操化动作结合训练：首先进行 12 个难度动作与 12×8 拍操化动作结合的训练，即做 1×8 拍操化动作接 1 个难度动作。将这种结合训练完成后再进行成套动作的训练。

（4）配合音乐完整训练：先配合一般的健美操音乐进行成套动作训练，可以选择速度适中的音乐，主要训练运动员动作的熟练性，待运动员动作熟练性提高后再配合健身性健美操音乐进行训练。

训练要求及注意事项：

（1）在进行第一步难度动作训练时，运动员练习已能熟练掌握的难度动作，着重体会和巩固动作技术要领，保存一定的体力进行不能熟练完成的难度动作训练，训练中注意保护和帮助，以防受伤。

（2）在进行第二步操化动作训练时，先进行动作规格和熟练性训练，包括动作的速度、力度、幅度及角度等，对运动员的不足进行动作细化训练。运动员要理解、体会动作内涵，然后进行操化动作的表现训练。

（3）在进行成套动作完整训练时，运动员要先在教练员的口令指挥下完成动作，然后再配合音乐进行训练。

（二）先分节后成套训练法

训练方法：将健身性健美操成套动作分成若干段进行训练，然后再进行完整的成套动作训练。

（1）4×8拍为一段的训练：将成套动作划分为4×8拍一小节，运动员在教练员的口令指挥下只做4×8拍动作，第一个4×8拍动作熟练完成后，再进行第二个4×8拍动作的训练，依次类推，直到整套组合动作全部完成。

（2）8×8拍为一段的训练：当运动员完成4×8拍的训练，能够将整套组合动作完整完成后，再将成套动作延长为8×8拍进行训练。运动员在教练员的口令指挥下只做8×8拍动作，第一个8×8拍动作熟练完成后再进行第二个8×8拍动作的训练，依次类推，直到整套组合动作全部完成。

（3）16×8拍为一段的训练：当运动员完成8×8拍动作的训练，能够将整套组合动作完成后，再将成套动作延长为16×8拍进行训练，运动员在教练员的口令指挥下只做16×8拍动作，第一个16×8拍动作熟练完成后再进行第二个16×8拍动作的训练，依次类推，直到整套组合动作全部完成。以此类推，将成套动作延长为32×8拍进行训练，直到一次性完成成套动作的训练。

训练要求及注意事项：此训练方法属于循序渐进训练法，在训练过程中不要急于求成，要按照此训练方法一步一步进行训练，教练员注意细抓运动员每8拍的动作，要求运动员将每个8拍动作做准确。

（三）间歇训练法

训练方法：通常采用间歇训练法来提高运动员的动作熟练性和肌肉及身体各器官的耐受力。运动员在教练员的口令指挥下完成整套动作，此时教练员的口令可适当慢一些，在运动员完成套动作后，给运动员2分钟的休息时间，马上进行第二遍的成套动作训练，第二遍成套动作完成后，给运动员5分钟休息时间，马上进行第三遍的成套动作训练，当运动员适应了此训练方法的强度后，采用健身性健美操音乐节奏进行相同的间歇性训练，以提高训练的强度，最后配合健身性健美操的快节奏音乐进行相同的间歇训练。

训练要求及注意事项：运动员要尽全力完成所有难度动作以及操化动作，尽力表现动作，如同在进行比赛一样。同时也要求教练员准确把握间歇时间，如间歇时间太长则达不到体能训练效果。

（四）念动训练法

训练方法：

（1）做成套动作前，在教练员的示范引导下，集中注意力在大脑中形成操化动作的动作形象和动作顺序、难度动作的技术要领、动作结构、发力顺序和方法，描绘自己在完成成套动作中的合理技术动作和注意力的分配，然后把自己想象的内容与实际训练结合起来，根据训练前想象的内容完成成套动作。

（2）想在做成套动作时精力充沛，动作幅度要大、到位、准确、能控制，姿态优美，动作干脆利索，有力度，感染力强，状态良好，周围的观众全被你的表现所吸引，全场的对手都被你超越，场外的观众全为你"加油"，自己充满必胜的信心。

训练要求及注意事项：

（1）在进行念动训练时，运动员必须集中注意力，在大脑里形成一定的动作形象，能够对大脑进行一定的刺激才能产生训练效果。

（2）在念动训练后，运动员要充分放松思想，做几次深呼吸，不要对大脑形成太大的压力。

（五）模拟比赛训练法

训练方法：模拟比赛训练法是有意识地制造一些比赛场所喧闹的气氛。如击物、鼓掌、呼叫、吹哨声等，或模拟正式比赛的裁判员评分，组织观众参观等环境气氛，而且在模拟评分时有意识地压低评分，克服运动员的自满情绪。在模拟比赛中，如果运动员出现因紧张而遗忘动作时，必须训练运动员主动地以其他动作弥补，培养随机应变能力。

训练要求及注意事项：在进行模拟比赛训练时，教练员应尽可能地想到真正的比赛场上可能出现的问题，提高模拟的真实性以及实效性。教练员应掌握好运用模拟比赛训练法的时间，一般在赛前两周进行，心理素质较差者可适当多进行几次模拟比赛训练，运动员应抓住模拟比赛的机会，充分表现自己的能力，仿佛在真实的比赛现场一样。

（六）信息反馈训练法

训练方法：在进行成套动作训练时，运动员要将自己的训练感受主动向教练员反映，包括训练的情绪状态、身体健康情况、受伤情况等影响成套动作训练的信息。教练员应对事件情况进行分析，然后制定适合运动员的训练计划。例如某运动员因为生活上的某些事情而训练情绪不高，教练员了解后，首先对运动员进行开导，并改用更有感染力、更激烈的音乐配合该运动员的成套动作进行训练，以提高运动员的训练情绪。再例如某运动员出现伤情，教练员可将训练计划作局部调整，以减轻受伤部位的负荷。

训练要求及注意事项：此训练方法要求运动员积极配合，运动员要将真实的情况告诉教练员，不可隐藏或编造谎言欺骗教练员，教练员也应该相信运动员反映的情况，不可一意孤行，强迫运动员进行不科学的训练，教练员应掌握具体问题具体分析的原则，了解运动员的具体情况，用科学的训练方法进行训练。

参 考 文 献

［1］　徐国富，白光斌，雷耿华. 体育与健康教程. 西安：西安电子科技大学出版社，2011

［2］　健美运动. 高等学校普通体育课健美操教材编写组. 北京：高等教育出版社，1997

［3］　马鸿韬. 健美操创编理论与实践. 北京：高等教育出版社，2004

［4］　张莹，张平，杨萍，等. 北京：全国健美操大众锻炼标准第三套动作图解. 2009

［5］　王洪. 健美操教程. 北京：人民体育出版社，2011

［6］　国家体育总局体育运动管理中心审定. 2010—2013 年全国啦啦操竞赛规程

［7］　黄菁，朱维娜. 健美操. 重庆：西南师范大学出版社，2013

［8］　尹珏林. 瑜伽大全. 北京：华文出版社，2010

［9］　李遵. 排舞运动. 北京：人民体育出版社，2013

［10］　张弘，鞠海涛. 啦啦操研究. 体育文化导刊，2010

［11］　许琛. 啦啦操编排理论研究. 首都体育学院硕士论文，2010

［12］　黄楚姬. 啦啦操的概述与编排. 体育科技，2003

［13］　陈铁龙. 论啦啦操的发展. 湖南师范大学硕士论文，2006